Tracce

EZIO GREGGIO

N°1

Una vita di avventure, incontri, scherzi e risate

SOLFERINO

SOLFERINO

www.solferinolibri.it

ISBN 978-88-282-1129-7
Prima edizione: gennaio 2023

N°1

«Se ridere fa bene alla salute,
da oltre 40 anni faccio il medico.
In certi casi pure il veterinario...»

Ezio Greggio

Introduzione

Sono nato nel 1954, l'anno in cui la televisione è arrivata in Italia e con le sue valvole «emetteva» in bianco e nero Mike Bongiorno, Billi e Riva, Tognazzi e Vianello.

La Tv non sapeva che ero nato anch'io nello stesso anno, ma se ne accorse poco meno di venticinque anni dopo, quando cominciai a lavorarci. La frequento da quarantacinque anni ma non l'ho mai sposata.

Quando sono nato il Cinema invece c'era già da parecchio, lui è diventato il mio amante. In quegli anni fiorivano i film del Dopoguerra, il Cinema d'Autore e la Grande Stagione della Commedia, del Neorealismo. Nel 1954 io nascevo e Fellini girava *La strada*, Steno *Un americano a Roma*, De Sica *L'oro di Napoli* e Monicelli *Proibito* e pochi anni dopo *I soliti ignoti*. Se nasci negli anni Cinquanta quel cinema ti racconta e con molti di quei personaggi che ho elencato poi ho avuto a che fare direttamente o indirettamente.

Sul grande schermo ci arrivai nel 1980 con un film sperimentale, *Sbamm!*, girato in super 16 mm con poche lire, un omaggio a Tati, Laurel & Hardy e Danny Kaye. Venne presentato al Festival del Cinema di Nizza ove il mitico giornalista della Rai Lello Bersani mi presentò Sophia Loren e Alberto Sordi. Non ho conosciuto Steno ma i suoi figli, Carlo ed Enrico Vanzina, sì. Il primo film con loro fu *Yuppies* (1986) diretto da Carlo, l'ultimo per ora *Lockdown all'italiana* (2020) diretto da Enrico. Non ho conosciuto Vittorio De Sica ma suo figlio Christian sì, con lui ho girato tanti film e ho lavorato pure con Brando, suo nipote. Con Monicelli ho fondato un festival tutto dedicato alla commedia a Monte Carlo. Mi abbracciò quando nel 2001 andai a dirgli che il Principe Ranieri e il Principe Alberto avevano approvato il progetto: eravamo i primi nel mondo a sdoganare il genere più amato in una manifestazione cinematografica, visto che gli altri festival non volevano le commedie. La prima edizione fu aperta da Sordi – con lui ho lavorato in un film – assieme a Claudia Cardinale, Jean Sorel e Gina Lollobrigida che poi fece un cammeo nel mio film *Box Office 3D*.

Un mattino di quest'anno mi sono svegliato (e in questi ultimi anni è già una gran cosa tra virus, virologi che sono più attivi del virus, bollette della luce e del gas da infarto per colpa della guerra), sono entrato nel mio studio e mi sono reso conto che in bella mostra ci sono 26 Telegatti, 32 Oscar Tv, 1 Nastro d'Argento, 1 Globo d'Oro, 1 premio Flaiano, 1 premio Totò, 1 premio Charlot, 1 premio Nino Manfredi, 1 premio Troisi, tanti premi Satira Politica, il premio Una Vita per il Cinema e decine di altri. E dagli scatoloni che stavo riordinando sbucavano fuori foto assieme a DVD di miei film, copertine di settimanali. In quel momento mi sono reso conto che la mia carriera prosegue con successo da oltre quarantacinque anni: giro film, lavoro in Tv, produco un festival, ho vinto centinaia di premi. Ho milioni di fan italiani e di molti altri Paesi che incontro, mi sorridono, mi chiedono selfie, mi seguono sui social e ripetono le mie battute dei film e i tormentoni televisivi: «È lui o non è lui»... «Ezio mitico»... «Lei è proprio un bel volpino»... «Le velineeee»... «Temperatura a bordo 19 gradi praticamente Marocco in Primavera»... «Forza Juve»... «Nell'orologio subacqueo che le ho venduto entra acqua? Per quella cifra cosa voleva che entrasse? Champagne?»... «Frechete!»... «Eziooo... sei il n°1».

Avevo vent'anni quando ho cominciato questo viaggio, partendo da Cossato in provincia di Biella, ex provincia di Vercelli, dove se non ti occupavi di filati e di tessuti eri un alieno. Da lì è partito il coraggioso alieno Ezio con una valigia piena di sogni e speranze come migliaia di ragazzi italiani che volevano fare questo mestiere: ce l'abbiamo fatta in pochissimi, ci potete contare sulle punte delle dita, basta guardare i palinsesti o le locandine dei film, poche decine di persone della mia generazione hanno sfondato. Perché questo è uno dei mestieri più difficili del mondo. È come fare surf sulle alte onde del Pacifico a Malibù: divertente, inebriante, ma devi imparare a usare quella tavola, devi essere elastico, avere equilibrio, non è facile restare sulla cresta dell'onda. In questo libro, attraverso aneddoti e scherzi vari, vi racconto questo viaggio verso il successo partito da Cossato con fermate a Roma, Milano, Monte Carlo, Milano Due, Cologno Monzese, Montréal, fino ad arrivare a Hollywood.

Se chiudo gli occhi mi torna alla mente una delle mie prime battute, quando a *Drive In* entravo in scena e mostrando il mio cognome stampato sul retro della bianca giacca da smoking esclamavo: «Sono Ezio Greggio, greggio come il petrolio».

Gli inizi a Telebiella

Il mio debutto televisivo è avvenuto a Telebiella, la prima Tv libera italiana. Trasmettevamo via cavo. Parliamo degli inizi degli anni Settanta, quando un signore di nome Peppo Sacchi, ex collaboratore della Rai di Torino, aprì un'emittente locale in sfida al monopolio televisivo nazionale.

Si andava in onda dal Convitto Biellese, gentilmente prestato dal Comune di Biella, attraverso una rete di cavi che mandava il segnale a bar, circoli, gallerie commerciali e in alcuni palazzi della città.

Non c'erano altre televisioni in Italia, oltre ai canali Rai era possibile vederne qualcuno estero, come Tele Capodistria, la Tv Svizzera, Tele Monte Carlo. L'arrivo di Telebiella, ma soprattutto il concetto che qualcuno aprisse un'emittente con una voce non addomesticata dalla politica, venne considerato un atto delittuoso.

Lo Stato disse no. Arrivarono i funzionari dell'Escopost, la polizia postale, inviati dall'allora ministro Gioia: tagliarono e sigillarono il cavo che portava le immagini alla rete della città. Ma come dice il proverbio «morto un cavo se ne fa un altro», Sacchi e i suoi tecnici fecero proprio così: staccarono il cavo tagliato dall'impianto di trasmissione e ne misero uno nuovo. E tornammo in onda con Telebiella A21 Tv, testata giornalistica registrata in nome dell'articolo 21 della Costituzione che specifica: «Tutti hanno diritto di manifestare liberamente il proprio pensiero con la parola, lo scritto e ogni altro mezzo di diffusione». Se oggi esistono le Tv private, i network, lo si deve alla battaglia condotta da Peppo Sacchi, alla sua idea di Tv libera e rivoluzionaria che si chiamava Telebiella e a quel manipolo di suoi collaboratori dei quali ho fatto parte.

Sacchi aveva sentito parlare di me che muovevo i primi passi nel cabaret e chiese di riprendermi durante una manifestazione che io organizzavo e conducevo a Cossato che si chiamava *Cossato in piazza*. La serata fu un successo, pubblico entusiasta, ma dovete sapere che all'epoca le apparecchiature tecniche di Telebiella erano veramente obsolete, di seconda mano, più che analogiche possiamo dire manuali: le trasmissioni venivano registrate su nastro, spesso non nuovo ma riutilizzato, che si avviava ruotando delle manopole anche queste parecchio consumate. E nelle riprese di una diretta, per di più lunga un'ora, se le manopole non facevano agganciare bene il nastro alle testine di registrazione... non si registrava nulla. Quella volta accadde proprio così. Alla fine dello spettacolo, Sacchi venne da me e con voce più roca del solito, guardando un po' per terra e un po' verso l'infinito, mi disse: «Ezio... una cortesia, dobbiamo rifare una cosa».

«Ok Peppo, cosa?»

Pausa interminabile e poi sbottò, rientrando verso la regia mobile: «Ma niente... tutta la tua performance, l'ampex non ha registrato».

Era l'una del mattino, io da solo sul palco, senza un'anima viva di fronte perché il pubblico se n'era già andato, rifeci lo show per Telebiella.

Fui più fortunato anni dopo quando lavorai con Carlo Vanzina che dopo il primo ciak urlava: «È buona! Buona la prima!».

Da *Yuppies* a *Lockdown all'italiana*

Carlo ed Enrico Vanzina per me sono stati molto più che un regista e uno sceneggiatore, con loro è nata una stima, un'amicizia, una fratellanza che va avanti da quasi quarant'anni, da quando mi chiamarono a Roma e al bar del Grand Hotel e mi proposero di essere uno dei protagonisti di *Yuppies*. Un film che è diventato un cult e che ha continuato la strada, avviata anni prima dai Vanzina, verso una nuova commedia all'italiana. Conosco una marea di persone che, pazzi di *Yuppies*, si riuniscono e lo vedono in compagnia degli amici una o due volte l'anno in DVD. Una volta, in Puglia, a una cena, una mia amica costumista mi presentò un suo conoscente che sapeva a memoria tutte le battute del film, ma non solo le mie... l'intera colonna dialoghi, anche le battute delle comparse! Tutto, dall'inizio alla fine.

Con Enrico, straordinario sceneggiatore e conoscitore di cinema, abbiamo sempre lavorato molto sul copione, sulle battute e mi ha sempre permesso di portare in scena il mio stile, il mio umorismo, divertendoci a lavorare insieme.

Stessa cosa con Carlo che sul set era adorabile, sempre pronto a cogliere un'idea, un suggerimento, a creare un ambiente allegro, elemento basilare se devi far ridere in una commedia.

Una volta arrivai in ritardo, mi rimproverò come se dovesse farlo perché era anche produttore di quel film. Ma un secondo dopo mi prese sottobraccio e mi sussurrò ridendo: «Che hai combinato ieri sera birbaccione... è lui o non è lui? Cerrrto che è lui!». Un tesoro.

L'ultima volta che lo vidi, prima che se ne andasse prematuramente, fu sempre a Roma, sempre in un hotel come la prima volta, al First, e parlammo di un progetto nuovo da realizzare. Non ci siamo riusciti, la malattia bastarda se lo è portato via. Se ne è andato in punta di piedi, con quell'eleganza e signorilità che lo hanno accompagnato per tutta la sua carriera anche nella vita di tutti i giorni.

Con Enrico a quel punto si è creato un legame ancora più forte. Quando nel 2020 mi parlò di *Lockdown all'italiana* gli dissi subito che lo volevo fare. Non mi interessava il contratto, il cachet, volevo essere al suo fianco nel suo primo film da regista nel raccontare l'Italia attraverso la storia di due coppie durante il periodo drammatico del virus. Il film, girato tra tamponi quotidiani, mascherine, distanziamenti, fu un successo al botteghino nelle poche settimane di riapertura dei cinema, balzando subito al primo posto della classifica degli incassi. Poi quel fenomeno del ministro Franceschini chiuse di nuovo tutto, non capendo che al cinema il pericolo di contagio era davvero inesistente. Il successo continuò fortunatamente prima grazie alla piattaforma di Amazon e poi al passaggio televisivo su Canale 5, dove nell'ottobre 2022 è stato il più visto del Prime Time battendo addirittura Rai Uno.

C'è una scena del film scritta da Enrico nella quale, sul terrazzo della casa dove abita il mio personaggio, faccio un monologo su come la gente stava vivendo quel momento terribile. Erano giorni che avrebbero cambiato la nostra vita, dicevo che «là fuori c'erano persone che stavano morendo mentre nelle case altre persone compravano prodotti via Internet, facevano selfie e storie su Instagram, cucinavano di tutto e non capivano il dramma che stavamo vivendo e che il mondo sarebbe cambiato». In sala, e ci sono andato tante volte in quei giorni in varie città, accadeva un fatto unico: il pubblico applaudiva. Credetemi, sentire il pubblico in una sala cinematografica applaudire a scena aperta come se fossimo in teatro è un fatto veramente inusuale. Era il segno che quell'istantanea girata da Enrico e interpretata da me era lo specchio di quel momento, raccontata attraverso la commedia ma anche con la sensibilità e la commozione di quel periodo così drammatico. Quando il film è passato in Tv ho risposto a messaggi di complimenti sui social per giorni.

Durante le riprese spesso io ed Enrico Vanzina ci guardavamo, in silenzio, senza proferire parola. Con un po' di commozione sapevamo che entrambi stavamo pensando alla stessa cosa: a Carlo che era lì con noi presente sul set, lo sentivamo, una mano sulla spalla di Enrico e una sulla mia. Ciao Carlo, ti voglio bene.

Uragani à gogo

Di ogni film coi Vanzina ho aneddoti da raccontare. In *Yuppies* (1986) un giorno arrivò sul set un tizio con i capelli alla Elvis Presley e mi disse con accento milanese «Uè, non saluti?». Ci misi un po' a capire che era Massimo Boldi, irriconoscibile perché si era fatto incollare una folta capigliatura alla Cesare Ragazzi a tre centimetri dalle sopracciglia. Nella notte ebbe una crisi di rigetto dei capelli posticci e mentre urlava «Bestia che dolore» lo portarono in clinica per levarglieli.

Ma voglio raccontarvi di *Selvaggi* (1995) sia per ciò che accadde sul set ai Caraibi, sia perché anticipò ciò che sarebbe accaduto in Italia nei mesi e anni a venire. Il cinema, la commedia in particolare, a volte è anche questo, la capacità di intuire e precorrere fenomeni politici e sociali. Da Sordi in poi la commedia all'italiana vanta in questo senso una solida tradizione. *Selvaggi* era la storia di un gruppo di italiani di varia estrazione sociale e politica che, durante una vacanza, precipitava con l'aereo su un'isola deserta dei Caraibi.

E come nella peggiore Italia di ieri ma pure di oggi, quella dei gruppi politici litigiosi, anche su quell'isola deserta l'intolleranza prevaleva sul dialogo, la lite sulla collaborazione per il bene comune.

Così i nostri malcapitati personaggi della storia non facevano che litigare.

Con i bravissimi Leo Gullotta, Antonello Fassari, Monica Scattini, Cinzia Leone, Franco Oppini e gli allora debuttanti Emilio Solfrizzi e Carmela Vincenti, ci divertimmo a raccontare in maniera comica questi italiani in mezzo a veri uragani, tempeste di vento e paesaggi di una bellezza mozzafiato. I «nostri protagonisti naufraghi» essendo ciascuno sostenitore in patria di un diverso partito politico, anziché trovare una ragionevole forma di convivenza e collaborazione, litigavano dal mattino alla sera, e finivano per trasformare quella che era già di per sé una disavventura in un'autentica guerra fratricida. Quel microcosmo era l'Italia di allora ma anche di oggi, seppure trasferita ai Caraibi, e anticipava quello che per anni è accaduto nel Paese e che non è certo cambiato con le elezioni del 25 settembre 2022.

Potreste pensare che comunque facevo un film ai Caraibi quindi sole, mare piatto, tramonti mozzafiato, il *rayon vert*, insomma una vacanza più che un film. Magari.

Durante le riprese di *Selvaggi*, col passare dei giorni, finimmo per immedesimarci veramente nei ruoli di italiani dispersi su un'isola deserta e gli eventi atmosferici ci furono sicuramente di aiuto. La prima settimana girammo sul cucuzzolo di Saint Vincent, l'isola capitale delle Grenadine, nella foresta pluviale: ogni venti minuti venivamo fracicati da una doccia d'acqua di violenza inaudita che rendeva impossibile la visibilità oltre un paio di metri.

L'area delle riprese diventò una tale poltiglia scivolosa che, per permetterci di camminare, quelli della troupe caraibica dovettero stendere lungo ogni punto calpestabile una coltre di foglie di piante di banana. In effetti sia noi attori sia la produzione eravamo stati avvertiti che durante le riprese avremmo potuto subire qualche ritardo a causa di improvvisi temporali. Temporali? 'Na cascata!

Provate a stare in mezzo alla foresta sotto un riparo improvvisato fatto di quattro pali e un telo di plastica, in discesa. Un fiume d'acqua ci passava in mezzo ai piedi.

Naturalmente le toilette non esistevano, c'era una specie di capanno che pure l'epatite si sarebbe rifiutata di entrarci per non beccarsi qualcosa di più grave. Qualcuno si appartava furtivamente, ma da quando una delle ragazze della troupe aveva visto un ramo di un albero muoversi, scoprendo che non era un ramo ma un boa constrictor, era iniziato con i pulmini un lungo viavai verso il bar più vicino, che stava a quasi mezz'ora di strada.

Beccammo di tutto: la coda di un uragano devastante durante un weekend, poi una tempesta che a momenti mandava a fondo un paio di nostri motoscafi con troupe e attori e che comunque mandò in frantumi parte delle attrezzature. E sul set ogni giorno accadevano cose curiose.

Leo Gullotta, per esempio, mitico e straordinario interprete qual è, un giorno doveva girare la scena di una caduta accidentale in una buca profonda tre metri e la fece grossa. Nel senso che la buca diventò più grossa o per lo meno più profonda, quando ci cadde dentro. Forse convinto che i due aitanti tecnici appostati in fondo alla buca lo avrebbero abbrancato senza difficoltà il povero Leo si lasciò cadere di peso. I due macchinisti lo mancarono clamorosamente: udii il tonfo del suo corpo sul fondo roccioso della buca e il conseguente urlo di dolore da una decina di metri di distanza.

Antonello Fassari, essendo di carnagione chiara e girando ai Caraibi, viveva praticamente immerso nelle creme antiscottatura. Un giorno si cra appisolato sotto un ombrellone che venne rimosso inavvertitamente da un tecnico e si ritrovò abbrustolito in pochi minuti. Gli misero prontamente la crema antiustioni, che però al contatto con la pelle evaporava. Rimase acceso come una torcia per giorni e giorni.

Quando in spiaggia arrivavano seminude Michelle e Cash, le due modelle americane, succedeva di tutto: quelli della troupe caraibica distratti da tanta bellezza davano craniate alle palme e dagli yacht dei vacanzieri ancorati nei paraggi sbarcavano orde di turisti maschi.

Io e Franco Oppini nelle ore di pausa andavamo a pesca e portavamo pesce fresco per tutto il cast e la troupe, che insinuavano ci fermassimo a fare acquisti sulla via del ritorno al mercato del pesce. Non era assolutamente vero: lo compravamo da un pescatore locale.

Una delle situazioni più incredibili che ci capitarono fu la vacanza «casuale» del produttore Aurelio De Laurentiis, che all'epoca pensava al cinema e non al Napoli. Aurelio, che nulla aveva a che fare col nostro film, seguì passo passo da una megabarca le fasi della realizzazione caraibica di *Selvaggi*.

L'opinione di tutti era univoca: è venuto a spiarci.

De Laurentiis, amico oltre che dei Vanzina anche del sottoscritto, certe sere sbarcava a terra con la famiglia per cenare presso il ristorante dell'albergo che ci ospitava.

Il colmo fu che i suoi simpaticissimi figli Edoardo, Valentina e Luigi dopo pochi giorni scelsero di stare con noi sul set anziché veleggiare fra le isole: il richiamo della celluloide e... la rottura di palle in barca.

Un altro episodio prova che a volte la realtà supera

la fantasia. Avevamo ultimato le riprese alle Grenadine e dovevamo spostarci da Canouan a Fort-de-France, in Martinica. Per evitare una serie lunghissima di trasbordi via mare, dovendo raggiungere l'aeroporto internazionale di Fort-de-France, decidemmo con Carlo ed Enrico Vanzina di noleggiare un piccolo aereo che ci avrebbe trasbordato con un unico volo decollando da una mini-pista locale.

Non vi dico il pensiero di tutti su quella piccola pista di Canouan alla vista dell'aereo da turismo: era uguale a quello che nel film avevamo raccontato precipitare sull'isola caraibica. Anzi, era pure molto peggio. Salimmo dopo una serie di scongiuri tipicamente italici e durante quell'ora di volo restammo tutti tesi e con gli occhi spalancati come l'onorevole Ignazio La Russa durante le interviste.

Per tutto il tempo ci guardammo in silenzio immaginando i titoli di giornale tragici e ironici allo stesso tempo, se quel baraccone volante avesse avuto qualche problema.

Andò tutto bene: nonostante scricchiolii sinistri e sobbalzi vari e in mezzo a nubi minacciose atterrammo finalmente a Fort-de-France.

Appena sbarcati, le toilette dell'aeroporto vennero prese d'assalto da noi tutti e rimasero occupate a lungo perché «la paura fa 90», sì, novanta minuti chiusi in bagno.

Io, Gianfranco D'Angelo e gli scherzi

Il collega con il quale ho escogitato e realizzato più scherzi è stato indubbiamente Gianfranco D'Angelo, che nell'estate del 2021 se ne è andato troppo presto lasciando un grande vuoto nel mio cuore e in tutti coloro che gli volevano bene. Voglio ricordarlo attraverso tanti anni di lavoro insieme, ma soprattutto attraverso gli scherzi che abbiamo combinato. Una marea.

Ci conoscemmo e frequentammo per la prima volta nel 1978, in una trasmissione intitolata *La sberla*: lui era il protagonista con Gianni Magni, ex mimo dei mitici Gufi, io debuttavo grazie a Giancarlo Nicotra che era il regista. L'amicizia vera e propria però germogliò qualche anno più tardi, quando fummo i protagonisti fianco a fianco di *Drive In*. Soprattutto dalla seconda edizione dello show, quando entrambi abitavamo nello stesso residence di Milano, il De Angeli di via Trivulzio, ci furono più occasioni per sfogare un tipo di spirito goliardico che si tramanda dai banchi di scuola e che riesplode non appena si ripresentino le occasioni e i partner giusti.

I nostri scherzi erano divisi in tre categorie: tipo semplice pronto all'uso, tipo medio professionale, tipo kolossal.

Il primo, quello semplice, nasceva lì per lì. Per dare l'idea, ci trovavamo nell'ufficio di Osvaldo Dal Monte, produttore della trasmissione, e in sua assenza prendevamo noi due le telefonate. Le possibilità erano varie, rispondevo io per esempio con la voce di Dal Monte – che imitavo alla perfezione con tanto di accento ligure, «s» e «z» mandibolari fischiate, voce roca a causa del fumo – prendendo per lui appuntamenti nei posti più strani a cui poi logicamente Dal Monte non arrivava.

Oppure sempre con la sua voce discutevo cachet con agenti degli artisti, o prenotavo ristoranti dove lo conoscevano bene per me e D'Angelo e gli autori pregando poi di mandare il conto in produzione.

Un altro scherzo tipico era quello del numero sbagliato o del contatto telefonico. Sempre nell'ufficio del produttore Dal Monte o in uno di quelli della produzione, rispondevamo a una telefonata trasferita a quell'interno dal centralino, che quindi aveva già risposto: «Pronto, Studi CTC». L'interlocutore aveva chiesto di Dal Monte, e gli era stato passato l'interno. A quel punto io rispondevo immediatamente: «Macelleria equina Dal Puledro Selvatico, mi dica signora». Il chiamante chiudeva con un rapido: «Oh, scusi, ho sbagliato numero». Solitamente riprovava una seconda volta, stessa solfa: centralino, trasferimento di telefonata all'interno dove ci trovavamo, con successiva risposta, stavolta di D'Angelo per cambiare la voce: «Pompe funebri». Al secondo errore qualcuno attaccava e desisteva, qualcun altro nonostante la macabra risposta chiedeva spiegazioni e noi davamo la colpa a un contatto in qualche centrale. Poi, scambiandoci la cornetta, diventavamo un supermercato, un sarto, una ferramenta, un arabo incazzato che diceva parolacce in italiano. Finché il malcapitato attaccava.

E una volta, una tra le migliori, ci siamo inventati che il residence in cui abitavamo era in vendita.

È in vendita il residence?

Gianfranco e io sullo scherzo telefonico eravamo ferratissimi e spesso lo facevamo a persone con le quali eravamo in confidenza data la lunga frequentazione.

C'era un portiere del Residence De Angeli di via Trivulzio a Milano a cui spesso toccava il turno di notte, una bravissima persona di origine veneta, di cognome faceva Pevere. Ogni qualvolta ci trovavamo a far tardi negli studi ci inventavamo una telefonata che potesse in qualche modo animare l'insipida, noiosa notte del portiere. E soprattutto la nostra.

Tre del mattino.

«Buonasera, scusi se disturbo a quest'ora» esordisce D'Angelo camuffando un po' la voce «... vorrei avere informazioni sugli appartamenti in vendita».

«Buonasera... Ci dev'essere un errore» fa lui «questo è un residence, qui gli appartamenti si affittano solo».

«No no no, ho letto sul giornale che stanno vendendo alcuni appartamenti, io ne vorrei comprare uno: mi dice un po' di prezzi?»

«Signore, mi scusi io non ne so niente, che mi risulti qui non vendono.»

Seguiva una lunga diatriba per avere notizie su metrature, mutui, date di consegna sulle quali Pevere cascava dalle nuvole.

«Ma scusi, lei lavora lì e non mi sa dare informazioni? Io per esempio vorrei sapere se posso cambiare le piastrelle della cucina.»

«Chiami domani dopo le 9 e parli con la direttrice» comincia a irritarsi Pevere «cosa ne so io delle piastrelle, per me non si vende, basta chiuso, arrivederci».

Riattacca un po' alterato. Cinque minuti dopo richiamo io, sempre camuffando un po' la voce.

«Buonasera, vorrei avvertirla che il camion con i mobili per l'appartamento che ho acquistato ieri sarà lì fra un'ora: c'è qualcuno che può aiutare a scaricarli?»

«Mobili? Appartamento? Guardi che questo è un residence. Qui non si vende, l'ho già detto a un'altra persona.»

«Ma che dice, ma come si permette... io ho comprato l'appartamento, il 412. Ieri dal notaio ho già firmato e dato la caparra. Stanno arrivando i mobili. E io domani arrivo lì con le valigie, mia moglie e mio figlio a vivere a casa mia, chiaro?» faccio io un po' seccato.

«Ma quale casa sua, questo xè un resideeeence» urla con spiccato accento veneto «e poi il 412 è occupato da un geometra che vive lì da due anni».

«Cosa?!?» vado su tutte le furie. «C'è ancora l'inquilino, non lo hanno ancora liberato, ma io mando l'avvocato...»

«Fa bene» riurla Pevere «così imparano a non mettermi al corrente che vendono gli appartamenti... comunque qui non entra nessun mobile fin dopo le 9 quando arriva la direttrice!».

«Va bene, ma almeno faccia entrare il piastrellista. Sarà lì a minuti, durante il giorno non ha tempo, mi deve cambiare le piastrelle della cucina.»

«Ho detto di no! Porco d'un can!!!» (In realtà l'improperio era di tutt'altra entità.)

Fine della conversazione, nottata rovinata al portiere che per un'oretta tira una serie di bestemmie da reception e sua successiva discussione mattutina con la direttrice che lo manda affanculo pregandolo di bere meno grappa la notte.

La pizza e il portiere di notte

Non so perché ma i portieri di notte ci ispiravano, chiamarli e fare uno scherzo era una sorta di attestato di vicinanza, un aiuto a far trascorrere più veloci le loro lunghe noiose nottate. A un altro portiere, uno meticoloso che ci teneva a far bella figura con i clienti, organizzammo invece uno scherzo di tipo medio, coinvolgendo suo malgrado un inquilino del residence. Tutto nacque perché questo signore, che viveva al 210, un paio di camere più in là, sul mio stesso pianerottolo, la notte russava in maniera indecente. Più che un inquilino sembrava di avere accanto un laboratorio di falegname. Quella notte in maniera particolare.

Ricci, D'Angelo e io, che stavamo lavorando nel mio appartamento sul copione di una puntata di *Drive In*, disturbati da quel concerto, decidemmo di agire. Detto fatto, saranno state le 2. Gianfranco chiamò il portiere con un accento napoletano.

«Uè buonasera, sono Onofrio il pizzaiolo, si ricorda?»

«... eh veramente... forse» fece il portiere mentre in sottofondo io e Antonio simulavamo le voci dei pizzaioli e dei clienti che ordinavano.

«Ma sì, dài, Onofrio, quello delle pizze a domicilio, chissà quante pizze mie saranno arrivate al residence...»

«Ah le pizze... può darsi.»

«Scusate signor portiere ma mi dovete aiutare, ha telefonato dal residence chillo dell'appartamento 210. La telefonata l'ha presa il ragazzo e non si è segnato se la pizza chillo la vuole capricciosa o quattro stagioni.»

«E cosa ne so io!» esclamò il portiere.

«Me faccia 'o favore, ci chieda lei e io la richiamo fra cinque minuti.»

Il portiere finse di non capire: «Come, io devo...».

«Scusi ma devo andare c'è la pizzeria piena... la richiamo io, grazie assai.»

Il portiere venne colto a quel punto da un amletico interrogativo: è uno scherzo o no?

Ma se non lo è e la pizza non arriva o arriva sbagliata, essendo al corrente, rischio di beccarmi la colpa. Sbirciammo dalla porta: il portiere salì in ascensore al piano, davanti alla porta della 210 venne colto da un ultimo dubbio mentre stava per suonare, anche per via delle russate che giungevano dall'interno. Fece per andarsene ma poi tornò sui suoi passi e si decise. Suonò il campanello: erano le 2.30 di notte. Apparve il poveraccio in pigiama, un occhio aperto e uno chiuso, i capelli sconvolti.

«Dica» emise con una voce cavernosa.

«Siccome ha telefonato Onofrio il pizzaiolo... ecco io non volevo disturbarla ma... però se lei ha ordinato... quindi ho detto è meglio che glielo chiedo: la pizza la vuole capricciosa o quattro stagioni?»

Un vaffanculo ciclopico echeggiò nel corridoio mentre la porta sbatteva in faccia al portiere. Non resistemmo però alla tentazione di richiamare il portiere di lì a poco.

«Son sempre Onofrio, tutto a posto: la pizza è quattro stagioni.»

«Ma quattro stagioni cosa che mi sono appena beccato un vaff...»

«No, è che ci siamo sbagliati di residence, non era il vostro ma il Ripamonti. Solo che mi dovete fare un piacere, perché il ragazzo con la moto è già partito e sta venendo lì. Quando arriva dicitecello vuie che è il Ripamonti, sennò ci perdo la pizza. Capite, con i tempi che corrono, 'na pizza è lavoro sacro. Peffavore aspettatelo in strada sennò ora che parcheggia ed entra da voi la pizza si fredda. Grazie, appena posso la passo a salutare, signò!»

Guardammo dal mio balcone: il portiere uscì e trascorse una bella oretta all'aperto guardando su e giù per via Trivulzio. Quella notte si chiese dove diavolo si fosse cacciato il fattorino di Onofrio con la sua maledetta pizza.

Lo sketch a *Drive In*

Lo scherzo è sempre stato una componente del nostro modo di lavorare e di trascorrere insieme molte ore al giorno, una specie di antidoto contro la noia, che avevamo adottato in coppia con D'Angelo. E a volte uno sketch di successo, un monologo basato su una caratterizzazione, su un'imitazione, rischiava a lungo andare, a forza di spremerlo, di perdere un po' di smalto. A quel punto ci voleva il diversivo per mantenere viva l'attenzione e superare, nella performance, il testo, il logorio della ripetitività. Con D'Angelo a *Drive In* usavamo vari metodi allo scopo di divertirci l'un l'altro a sorpresa.

Ricordo uno sketch che intitolavamo «Le Attrazioni Internazionali» in cui io avevo un abbigliamento fra alpino, cacciatore di quaglie e ufficiale di Marina, e presentavo in ogni puntata un grande numero internazionale. Non appena ricevuto il testo dagli autori, Gianfranco e io preparavamo meticolosamente la scena nelle sue varie componenti ma con un'unica avvertenza: io non dicevo mai a lui con che nome lo avrei presentato, né quali strani gadget avrei appeso alla mia giacca. A sua volta lui non diceva a me in quale dialetto, con quali difetti di pronuncia, con quale tipo di make-up aggiuntivo in faccia sarebbe entrato in scena.

Il tutto quindi sfociava in una gara di resistenza in cui vinceva chi riusciva a far ridere per primo l'altro. Una sorta di *LOL* primordiale.

Ricci, Recchia, gli altri autori, la troupe e i ragazzi del pubblico aspettavano questo pezzo come una partita di calcio, in studio i boati erano da stadio.

Sentivamo il regista Beppe Recchia con la sua risata esplosiva, che emetteva dal piloro via ugola, attraverso le cuffie dei cameramen che avevano ormai i timpani sfondati. A volte già dopo la presentazione Gianfranco entrava e non ce la faceva a cominciare, allora per non far vedere che rideva cercava con una scusa di nascondere la testa sotto la mia ascella. Oppure per difendersi entrava con dei baffi talmente esagerati, occhiali, bandana che non si riusciva a capire se al di sotto se la stava ridendo o no. Altre volte, se andavo io in crisi da risata, fingevo di essere stato colto da raucedine per qualcosa che mi era finito in gola. Certi giorni non si riusciva nemmeno a registrare, o meglio, tutte le nostre performance venivano registrate, ma anziché a *Drive In* sarebbero poi finite nel *Peggio di Drive In*, che fu il capostipite e ispiratore della celeberrima *Paperissima*.

Ancora oggi quando penso a «Frankie», a Gianfranco, ricordo il suo volto sorridente durante quello sketch, certo che quel suo sorriso, quella sua risata così ampia, piena e rotonda riecheggia con quelle di San Pietro a cui starà raccontando quante ne abbiamo combinate.

In mutande davanti alla Cuccarini

Con Lorella Cuccarini ho lavorato molto in passato, due edizioni di *Paperissima*, una stagione in *Odiens*, vari speciali. Con lei, pur frequentandoci solo sulla scena, c'è sempre stato un feeling straordinario, una grande complicità da palcoscenico. Lei preparata in maniera maniacale, io improvvisatore.

Lorella era granitica. Durante le registrazioni di *Paperissima* capitava che problemi tecnico-produttivi ci obbligassero a lunghe pause in scena. Lei senza abbandonare lo studio, impavida, piantata sul punto assegnato dal datore luci, restava là per trenta o quaranta minuti in attesa di riprendere. Il suo corpo era lì, tutt'uno col palcoscenico come la Statua della Libertà sul suo piedistallo, tradendo di essere viva solo per un leggero ondeggio (si spostava dai tacchi alle punte e viceversa). Con la testa era altrove, forse sognava Broadway, una commedia musicale ballando con Fred Astaire o John Travolta. E invece era lì a Cologno Monzese a vedere me che non stavo certo ad aspettare sotto le luci e in quegli stessi minuti facevo un'intervista, dieci telefonate, parlavo con Cencio Marangoni che era il nostro impresario dell'epoca e piazzavo con lui un paio di serate in qualche discoteca.

L'inossidabile sodalizio fra Lorella e Cencio durava da una vita. Parecchi anni fa incontrai a Los Angeles per caso lei, Silvio suo marito e Marangoni, tutti appena giunti in città. Io stavo girando e producendo lì un film. Li incrociai a Rodeo Drive e dalla mia auto urlai nel dialetto romagnolo di Bagnacavallo (il paese di Marangoni): «Uè e alora mi scusi lei, devo andare a far una serata a Bagnacavallo, mi sa dire se son giusto vè». Non si sono mai spiegati come mai la prima persona che incontrarono a Los Angeles sia stato io. E io che ne so! Anzi lo so: abitavo lì, ci passavo mesi e mesi.

Per tornare agli scherzi, nello show *Odiens* io e D'Angelo facemmo a Lorella un piccolo scherzo categoria «delicatissimo». Dovevamo presentare un ospite, tutti e tre stavamo su una scalinata fra il pubblico, lei in mezzo a noi due. Chiedemmo a Recchia sull'ultimo stacco, cioè l'ultima inquadratura dello sketch, di tenerci a tutto campo in quanto D'Angelo e io avremmo aggiunto una gag finale. «Che natuvalmente non mi volete dive» aggiunse Recchia con la sua proverbiale «r moscia». Per tutta la durata di quella presentazione tenemmo le mani in tasca, appena terminata le togliemmo per indirizzare un applauso all'ospite verso il palcoscenico facendo cadere apposta i pantaloni e restammo in mutande. Ricordo lo sguardo di Lorella che sentendo la risata fragorosa del pubblico in sala si voltò verso di noi scoprendoci dalla cintola in su in smoking, dalla cintola in giù in boxer variopinti. Scoppiò a ridere con quella sua risata travolgente, vera, liberatoria e gioiosa. Fu il momento più sexy e immorale della sua carriera. Arrossì sotto il cerone, ammiccò con un sorriso e pensò: a Broadway queste cose non sarebbero accadute. A Cologno Monzese con Greggio e D'Angelo, sì.

Il salvataggio della nave

C'è una cosa che vi posso assicurare: in quel fantastico periodo che furono gli anni Ottanta ogni occasione per me e D'Angelo diventò buona per fare scherzi anche al di fuori degli studi. Una notte, in Sardegna, ci trovammo in albergo dopo uno spettacolo fatto insieme in un noto locale della Costa Smeralda.

Pur essendo molto tardi, come al solito non avevamo sonno e pensammo bene di fare una telefonata che ci mandasse a letto col sorriso. Scegliemmo un nome e cognome strano sull'elenco telefonico badando che l'indirizzo fosse nella zona adiacente al porto. Chiamammo, rispose una signora con accento sardo e logicamente con la voce assonnata.

«Pronto...»

«May day may day» attacca Gianfranco con accento finto-inglese ottenuto in sostanza aggiungendo una "i" finale alle parole «... signorai è la navei *Cauliflower*, è il comandantei che parla, siamo in grandi difficoltà, ci aiuti per favorei...».

«Cosa, come, una nave... cosa c'entro io...»

«Signora, si sono rottei tutte le apparecchiature di bordou, il marei è in burrasca, non riusciamo a vederei il porto di Olbia, non vediamo neanche Olbia...»

«Comandante, in un palazzo io sto. La capitaneria di porto chiamare deve» fece la signora ormai sveglia.

«L'apparecchio radio è fuori uso, Lady, la sto chiamandoi da un telefono a gettoni... deve fare qualcosa prima che la mia navei finisca sugli scogli. Un momentou, le passo il nostromo.»

Gianfranco mi passò all'improvviso la cornetta del telefono perché gli scappava da ridere e allora io attaccai con accento tedesco: «Zignora, ho zentito che lei abita in un palazzen, vero? Jawohl?».

«Sì» rispose fermamente la signora ormai bella sveglia.

«Lei dal zuo appartamenten vede il mare?»

«Sì, dal balcone il mare vedo.»

«Allora ci aiuti a trovare il porten, dica a zuo mariten di usciren zul balconen con una pila e un fazzoletten bianco... bitte.»

«Un momento... Gavinoooo!»

Udimmo chiaramente le frasi in dialetto di lei che aveva svegliato il marito incredulo e gli spiegava in modo concitato che cosa stava accadendo.

Lo convinse urlando a uscire sul balcone con la pila e il fazzoletto. Tornò al telefono: «Sul balcone lui sta, che deve fare?».

«Gli chieda zubiten se vede in distanza verzo il porten una nave.»

«Gavino, una nave vedendo stai verso il porto?... Sì, la vede, la vede.»

Culo volle che proprio in quel momento un traghetto stesse appropinquandosi al porto in una serata limpidissima e piena di stelle, con un mare calmissimo che sembrava di stare non al Golfo di Olbia ma al Lago d'Orta in bonaccia.

«Grazie al cielen, ziamo noi: dica a zuo mariten di agitare la pila e il fazzoletten così non sbaglieremo direzionen...»

«Gavino, la pila e il fazzoletto agitare tu devi, dài, agita agita che la nave ad andare in porto aiutiamo.»

Dalla camera esplodemmo in un hurrà, urlammo al telefono che vedevamo la pila, il fazzoletto bianco, stavamo prendendo la giusta direzione per arrivare in porto.

Quella meravigliosa coppia un po' ingenua seguì dal balcone con grande agitazione l'attracco normale di un traghetto normale in una notte che fu speciale solo per loro e per noi. Jawohl!

Arrivano i parenti alle 3 del mattino

Qualsiasi momento della giornata è buono per fare uno scherzo però, non so perché, la notte stimolava Gianfranco e me in particolar modo, forse perché queste piratate telefoniche avevano nelle tenebre un'ambientazione più consona, una scenografia più da thriller. E anche perché chi subiva lo scherzo rimaneva più sorpreso, talvolta era inebetito dal sonno e nel torpore e nella confusione noi sguazzavamo meglio.

Come quando telefonammo dal nostro residence di Milano a un numero dell'hinterland spacciandoci per zia e nipote arrivati all'aeroporto di Bergamo nel cuore della notte dopo un'odissea aerea. Il meccanismo era collaudato: leggere sull'elenco il nome di battesimo della persona chiamata, parlargli in tono confidenziale dicendo di chiamarsi con il suo stesso cognome. Approfittare del rincoglionimento notturno e della sveglia improvvisa per convincerlo che ciò che stava accadendo era vero.

Ovviamente non sempre va tutto liscio al primo tentativo, ma quando becchi quello che, come in quel caso, ha una zia e un nipote che teoricamente potrebbero arrivare all'improvviso l'affare è fatto.

«Sono Salvatore, ciao Giuseppe... scusa l'orario ma siamo arrivati a Bergamo solo ora, mamma è stanchissima, è dalle 6 che stiamo girando per aeroporti e non abbiamo ancora mangiato, ti avevano avvertito che arrivavamo, no?»

«Forse sì, ma non credo di aver capito bene chi siet...»

«Ti passo la zia...» ci passavamo la palla l'un l'altro.

«Giuseppe, sono la zia» piangendo «che viaggio dalle 5 di stamattina, niente acqua, niente pasti, Giuseppe, vienici a prendere all'aeroporto, fallo per il buonanima dello zio Mario... Giuseppeee!».

«Va bene... ma... siete a Bergamo... mi ci vorrà un po'.»

Riparlava subito chi di noi due faceva il nipote: «Scusa l'orario, ma se mentre tu vieni tua moglie potesse preparare qualcosa, un po' di pasta, un pesce al forno, lo sai che la zia non mangia carne, tanto ci fermiamo solo quindici giorni».

Il poveraccio mentre cercava di capire chi diavolo fosse al telefono di solito tirava a indovinare dicendo nomi di suoi parenti e in questo modo ci forniva piste che noi annotavamo e ci vendevamo man mano, per rendere più convincente la telefonata.

Si andava avanti fino a che il malcapitato era ben sveglio, convinto e in partenza per l'aeroporto, non prima di aver ordinato alla moglie incazzatissima di preparare qualcosa da mangiare per quei due parenti in arrivo. La sentivamo blaterare in sottofondo con accento pugliese: «... ma tu guarda questo... mi fai alzare alle 3 del mattino per preparare da mangiare a una zia che manco hai capito chi è! Giuseppe, fanculo tu e i tuoi parenti. Domani chiamo l'avvocato e chiedo il divorzio, brutto stronzo».

Il cieco, il cantante e il pianobar

Quando costruisci l'ossatura vincente di uno scherzo lo puoi replicare. Per due volte io e Gianfranco usammo lo stesso meccanismo in occasioni diverse, ma sempre negli hotel. Nel periodo di *Drive In* ci capitava infatti spesso di essere ingaggiati insieme per esibirci con il nostro spettacolo in locali della penisola. Ciascuno faceva il suo monologo e poi, talvolta con l'ausilio del mitico cane Has Fidanken, terminavamo insieme l'esibizione. Dopo lo spettacolo negli alberghi, poi, come gran finale tiravamo una delle nostre «stangate».

Quella sera in Romagna lavorammo presto, forse era una festa in una piazza, e tornammo in albergo verso le 11. Il salone dell'hotel era pieno all'inverosimile di turisti tedeschi, credo tutti venditori di una grande azienda, che avevano terminato da poco la loro cena e bevendo qualcosa scambiavano quattro chiacchiere prima di andarsene a dormire.

In un angolo del salone un pianoforte solitario, senza il pianista. L'audience era perfetta: nessuno ci conosceva tranne il personale della reception, il barman e i camerieri. A un certo punto quelli dello staff vennero attratti da un tiepido applauso.

Si chiesero, all'indirizzo di chi? Nostro.

Io, serissimo, avevo accompagnato al piano Gianfranco che con un paio di occhiali scuri si fingeva pianista cieco. Ora, se a voi non è noto che D'Angelo non azzeccava una nota su una tastiera neanche davanti a un plotone d'esecuzione e che io non riesco a cantare sulla stessa tonalità per più di cinque secondi, a quei tedeschi invece lo fu subito.

Mentre Gianfranco posava le mani dove capitava, io cantavo *'O sole mio* nella maniera più indegna. Stonature e note agghiaccianti si susseguirono per un paio di minuti. Al termine di quel primo pezzo, cioè quando decidemmo bruscamente di smettere quella lagna, ci fu un lungo silenzio e una serie di nazisguardi piantati sulle nostre facce. Solo il mio inchino e la mia espressione di circostanza fecero nascere un applauso, così tiepido che sembrava di più un modo per scacciare le mosche.

Cantammo ancora un paio di canzoni, *Il ragazzo della via Gluck* e *Scalinatella*.

Gianfranco su un finale finse di non trovare più i tasti e cadde sul tappeto, mentre l'imbarazzo cresceva fra i presenti. Quando i tedeschi videro che ce ne andavamo ci fu un applauso più sonoro, direi liberatorio.

Sennonché, passati non più di due minuti, ci ripresentammo al piano: questa volta io cieco con occhiali scuri e Gianfranco accompagnatore. E cominciammo a cantare *Nel blu, dipinto di blu*. I clienti tedeschi intuirono che era in corso una burlonata e chiesero spiegazioni ai camerieri i quali svelarono la nostra identità: ci fu una risata in tedesco, ci invitarono a bere con loro ma, non so perché, non ci permisero di concedere il bis come concertisti.

L'attacco di tosse

Riutilizzammo lo stesso meccanismo di Rimini alcuni mesi dopo, in piena estate, con una piccola variante. Eravamo rientrati in albergo dopo lo spettacolo in una discoteca ligure e la successiva cena. Quindi era tardissimo. Già nel pomeriggio avevamo notato una cosa quanto mai bizzarra: la particolare architettura dei piani dell'edificio, realizzati con balconate che si affacciavano verso la reception al piano terra, facevano sì che si sentisse con nitidezza in tutti i piani, fin dentro alle camere, il benché minimo rumore proveniente dalla hall. Chiedemmo le chiavi delle nostre stanze al magrissimo e pallido portiere di notte (vagamente somigliante a Peter Cushing, attore di horror alla fine degli anni Cinquanta per la Hammer Films), il quale gentilissimo ci chiese com'era andata la serata, se lo spettacolo aveva avuto successo, se avevamo mangiato bene.

Furono proprio le sue parole, che rimbombavano nella hall e salivano verso i piani superiori benché pronunciate a bassa voce, a darci il la. L'idea nacque in quel momento, senza che dovessimo metterci d'accordo. Ci bastò come al solito uno sguardo.

Gianfranco cominciò a schiarirsi pian piano la voce, come in preda a una leggerissima raucedine. Il portiere lo guardava preoccupato, non tanto per lo stato di salute di Gianfranco, ma perché i colpi di tosse rimbombavano nell'androne verso le camere, i suoi sguardi verso l'alto erano eloquenti.

«Tranquillo è tutto a posto, grazie» gli feci io «solo che eravamo sudati dopo lo spettacolo, al ristorante probabilmente siamo rimasti esposti a una corrente d'aria e il collega sente un po' di fastidio bronchiale».

Gianfranco intanto annuiva e continuava nel tentativo di schiarirsi la voce aumentando a poco a poco il volume. Il portiere allora cominciò a snocciolare una serie di soluzioni mediche che aveva a portata di mano ma D'Angelo, se da un lato faceva cenno di no, di lasciar stare, perché mimava fosse una cosa passeggera, dall'altro aumentava il volume e la frequenza dei colpi di tosse, che divenivano sempre più insistenti. Il portiere, sentendo che quella scarica cominciava a echeggiare sempre di più nell'albergo e vedendo che qualche cliente in pigiama si affacciava verso la hall mentre qualcun altro in ciabatte scendeva dalle scale, uscì da dietro la reception e tentando di mostrarsi gentile propose: «Forse gli farà bene un po' d'aria» nella speranza di trascinarci lontano dalla hall. Ma prima che potesse in qualche modo tentare la presa, zompai su D'Angelo e lo spinsi giù sul pavimento. Ormai le sue erano diventate convulsioni, Gianfranco, rosso in faccia come uno scorfano appena pescato, tossiva ed emetteva singulti fortissimi.

«Faccia qualcosa, per favore!» urlai al portiere. «Prenda dell'ossigeno e una maschera o una puntura di Valium, presto.»

«Ma dove lo trovo l'ossigeno e il Valium» rispose lui in preda al panico facendo delle mezze corsette tra noi e il bancone della reception. «Questo è un hotel, mica un ospedale.» Nel frattempo eravamo ormai circondati da quasi tutti i clienti dell'albergo che assistevano impietriti alla scena, alcuni si erano avvicinati, altri affacciati dalle scale. Ora pensate a uno che si alza nel cuore della notte in un hotel svegliato da una serie di convulsioni e schiamazzi e si trova nella reception Gianfranco D'Angelo ormai viola, disteso sul pavimento, che mani alla gola e lingua fuori tossisce come un indemoniato, ed Ezio Greggio a mo' di buon samaritano che urla come un pazzo e gli preme lo sterno per cercare di rianimarlo...

Certo che ormai tutta la clientela dell'hotel era ben sveglia, mi feci aiutare da un paio di persone in pigiama a portare il «moribondo» sul terrazzo, giusto all'ingresso dell'hotel. Finalmente il portiere arrivò con un miracoloso bicchier d'acqua, Gianfranco bevve e dopo pochi attimi la tosse cessò per incanto.

Ringraziamenti vari a tutti i presenti.

«Le faccio qualcosa di caldo?» offrì il portiere.

«No grazie, va bene così. Restiamo magari un altro pochetto qua fuori a prendere una boccata d'aria» disse Gianfranco con un fil di voce.

Tutti rientrarono nelle loro stanze, anche il portiere tornò al suo avamposto mentre noi ci sprecavamo in ringraziamenti manco gli avesse salvato la vita. Dopo cinque minuti gli ricomparimmo di fronte, Gianfranco lo ringraziò stringendogli la mano senza mai mollarla. Io invece cominciai a sussurrare, fra una schiarita di voce e l'altra: «Mi sa che fuori... aaarrrgh... era troppo umido... aaarrrgh... mi sono beccato... aaarrrrrrrgh... qualcosa». E giù colpi di tosse.

Ho stampata nelle pupille la faccia del portiere che, shakerato dalla poderosa stretta di mano di D'Angelo, sentiva la mia tosse aumentare, il suo sguardo fisso verso l'alto perdersi nel nulla, mentre Gianfranco disperato urlava: «Ezio... Ezio... come stai? Ti prego parlami...».

E i clienti che uscivano di nuovo dalle loro camere per vedere cosa diavolo stava risuccedendo, e trovavano questa volta me disteso per terra a tossire come un facocero con un porcospino in gola e D'Angelo che mi scuoteva piangendo: «Non te ne andare ti prego Ezio... resta... resta con me».

Molti clienti avevano capito che era uno scherzo e ridevano a squarciagola, un po' meno il portiere che, quella notte, si trovò a lavorare, anziché in un tranquillo hotel a cinque stelle, nella succursale ligure del Bates Motel.

L'ingegnere e il fidanzamento saltato

Indimenticabile. Oltre trent'anni fa, la coppia formata da me e da Gianfranco D'Angelo ordì uno dei pacchi-scherzo più clamorosi, al confronto la sceneggiatura de *La Stangata* era roba da dilettanti. Ci trovavamo in Sardegna in un centro residenziale. Un ingegnere nostro amico stava cercando di venderci un lotto di terreno sul quale era prevista la costruzione di proprietà immobiliari.

Io e Gianfranco tergiversavamo, per questioni di prezzo, ma anche un po' per farlo disperare. Andavamo spesso a trovarlo e ogni volta che lo incontravamo ci decantava il lotto di terreno di turno come il miglior affare della nostra vita, quasi stessimo acquistando una fetta del paradiso terrestre. Ma noi, granitici come le rocce sarde, prendevamo tempo. Non compravamo, ma per garantirci la possibilità di continuare a rompergli le balle gli lasciavamo sempre un filo di speranza.

Così capitava che ogni tanto ci rifacessimo vivi, più che altro per farci una breve vacanza in Sardegna, per respirare un po' d'aria buona e per vedere qualche amico che abitava sulla costa. In quelle occasioni si andava a pranzo o a cena e si parlava del nostro lavoro ma anche della vita dell'ingegnere.

Si dà il caso che, pur non essendo in tenera età (aveva i capelli brizzolati), 'sto benedetto uomo alto, magro, affascinante, un po' snob, non avesse moglie e manco una fidanzata. E più volte, un po' scherzando e un po' sul serio, ci chiese di aiutarlo a trovare una donna giusta. Dalla sua aveva origini piuttosto nobili, era un tipo sportivo, di bell'aspetto, con un'ottima posizione economica. Insomma, possedeva una serie di requisiti ideali per attrarre una compagna.

Il non avere una fidanzata era ormai diventato il suo problema primario, non faceva che parlarne, ci dava il martirio sia di persona, sia al telefono. «Vagazzi, voi conoscete un sacco di gente, tvovatemi una fidanzata, una bella vagazza simpatica, sono sicuvo che ne avete una giusta pev me.»

L'ingegnere aveva la «r» moscia, D'Angelo e io eravamo sicuri che, vista la situazione in cui si trovava, di moscio non avesse solo quella.

In uno dei nostri viaggi, scendemmo in Sardegna convinti di trovarlo «attapirato» come al solito. Invece ci attendeva una sorpresa che avrebbe stimolato in noi la tipica irrefrenabile necessità di realizzare uno scherzo. Con aria felice l'ingegnere ci annunciò la grande novità.

«Un amico cavissimo mi ha messo in contatto telefonico con una fanciulla sui venticinque anni che viene da una stovia difficile. Vevvà a passare il weekend qui da me.»

Da un lato io e il mio socio ci sentimmo sollevati, con meno rotture future da parte dello scapolone. Dall'altro pensammo subito che bisognava festeggiare l'occasione, anche perché scoprimmo, fra l'altro, che i due non si erano mai visti né conosciuti di persona. I tempi erano stretti, per cui dovevamo ripiegare su uno scherzo rapido. L'ingegnere ci invitò tutti a cena nell'elegante ristorante di un hotel della zona.

La ragazza spedita lì dall'amico non era niente male, anzi molto carina, anzi bis, era proprio una bella ragazza e questo ci stimolò ancor di più.

L'ingegnere e la potenziale fidanzata milanese si piacquero subito: durante la cena si scambiavano sorrisini, si sfioravano le mani, insomma era idillio a prima vista.

«Aò» mi fece D'Angelo col suo tipico accento da gladiatore «ma che je possiamo lascià passà tutto liscio così? Nun vedi che sembrano i due innamorati de Peynet. Che famo?».

La risposta l'avevo già pronta: «Gianfrà, casualmente mi trovo in tasca un flaconcino di Guttalax».

«E vai» aggiunse dandomi un cinque nel tipico gesto americano d'approvazione.

Approfittando del tubare dei due novelli colombi, versammo qualche goccia del lassativo nello spumantino dell'ingegnere. Nonostante l'operazione ripetuta più volte, durante la cena, non si verificò alcun tipo di reazione da parte della vittima.

«Aò, ma che c'ha lo stomaco d'acciaio?» disse D'Angelo preoccupato.

«Sarà di origine genovese, questo non molla niente» replicai.

Facemmo allora di tutto per andare a bere un «filu 'e ferru», la tipica grappa sarda, a casa sua, ancor più motivati perché leggevamo chiaramente nei suoi occhi: tutto voleva, meno che perdere altro tempo con noi anziché potersi dedicare alla colombella. L'ingegnere infatti non vedeva l'ora di rintanarsi a casa con la bella milanese e dare sfogo alla sua lunga astinenza sentimentale e sessuale.

Invece eccoci là, io e D'Angelo a tirar tardi sul suo terrazzo per vedere se il Guttalax faceva effetto.

Niente, nessuna avvisaglia.

Più volte l'ingegnere tentò con educati giri di parole di cacciarci, ma noi, inventandoci nuovi aneddoti da raccontare, brindisi, declamazione di poesie che andavano da Ungaretti a Trilussa, restavamo cementati alle nostre poltroncine in vimini.

«Secondo me deve avere un blocco intestinale, gli avremo già rifilato almeno una cinquantina di gocce» commentai preoccupato. «Che dici, chiamo un veterinario?»

«Damme 'sta boccetta, va» fece D'Angelo prendendo in mano la situazione «mò je damo la benedizione finale: o la va o se spacca... lui».

Così dicendo, e approfittando del fatto che l'ingegnere era andato un attimo in cucina, gli spruzzò nel «filu 'e ferru» una dose letale di lassativo.

Erano le 3.30 del mattino quando, finalmente, iniziò la via crucis dell'ingegnere.

«Mi dovete scusave, vagazzi, devo andave un attimo in bagno.»

A decine di metri udimmo un boato che lasciò di stucco la povera ragazza milanese. «Be', s'è fatto tardi» disse D'Angelo «salutacelo quando esce. Domani dobbiamo vedere un terreno con lui. Buonanotte».

«Tieni le finestre aperte» aggiunsi io «sai, in Sardegna in questa stagione fa molto caldo, e l'ingegnere non ha l'aria condizionata».

Fuggimmo come dei ladri.

Rimanemmo però in vista del terrazzo, nascosti dietro una siepe: come nelle comiche mute l'ingegnere appariva, si sedeva accanto alla bella milanese ma al primo approccio si rialzava e schizzava nuovamente in bagno. La costernata fanciulla si accendeva una sigaretta e, sgomenta, guardava il panorama.

Io e D'Angelo ce ne andammo dopo esserci scambiati una poderosa stretta di mano.

All'indomani, verso le 10 del mattino, io e il mio compare stavamo sul lotto di terreno che il nostro povero amico ingegnere tentava per l'ennesima volta di venderci. L'ingegnere arrivò con qualche minuto di ritardo, pallido, molto pallido in volto.

«Scusate, ma ho avuto un contvattempo» disse.

«Con la ragazza tutto bene?»

«Be'... non proprio, abbiamo avuto una nottata un po' movimentata.»

«Per forza» facemmo noi meschinamente «con l'astinenza che avevi alle spalle l'avrai polverizzata, povera fanciulla».

«Ma quale polvevizzata» replicò prontamente l'ingegnere «non ho chiuso occhio, non stavo molto bene di stomaco. La milanese stamattina se ne è andata alle 6».

«Che peccato» aggiungemmo noi «era così carina, quando vi rivedete?».

«Cvedo non la rivedvò più in futuvo» disse sconsolato l'ingegnere «mi ha detto che più che di una fidanzata ho bisogno di un gastvoentevologo. Scusate un attimo...». Corse a casa più volte quella mattina. In auto. Anche perché il bagno del baretto vicino al lotto di terreno lo avevamo preventivamente chiuso a chiave dopo averci attaccato il cartello «Fuori servizio».

I guaritori di Vigevano

Era il 1987, quarto anno di programmazione di *Drive In*, e come in ogni nuova stagione io e D'Angelo stavamo girando in esterni alcuni minifilm, parodie di grandi successi internazionali. I minifilm duravano circa una decina di minuti ed erano certamente uno dei momenti più divertenti della trasmissione. Girammo di tutto, dal *Padrino* a *Rocky*, da *The Hitcher* a *Indovina chi viene a cena?*, da *Casablanca* a *Mezzogiorno di fuoco*.

Stavamo girando a Vigevano la parodia de *Il nome della rosa*, io e Frankie D'Angelo eravamo vestiti da frati con tanto di barbe e parrucche e ci capitava di avere qualche minuto di pausa fra una ripresa e l'altra per il cambio delle luci o lo spostamento della scena.

Non avevamo il servizio bar sul set e non potevamo

certo struccarci o toglierci il saio durante le brevi pause, perciò andavamo a prendere il caffè così com'eravamo vestiti. Cioè vestiti e truccati da frati.

Cominciammo a capire che valeva la pena di approfittare di quel travestimento per divertirci un po' quando, uscendo da quella specie di convento, io, D'Angelo e Francesco Salvi che lavorava con noi venimmo salutati con molta riverenza da una signora che passava di là.

«Ragazzi, travestiti così non ci riconoscono! Proviamo a infilarci in quella via pedonale» indicai ai due «camminiamo a testa bassa e ogni tanto, quando incrociamo qualcuno, alziamo tutti e tre la testa al cielo e preghiamo in coro...».

Detto, fatto. Come tre frati serissimi camminammo a piè lesto lungo la via urlando di tanto in tanto al cielo ad alta voce: «... e San Ugo da Gubbio toglici ogni dubbio...».

E poi giù di nuovo a testa bassa in una specie di sommesso brontolio incomprensibile.

«San Bernardo dacci la minerale per digerire il lardo, amen.»

I passanti ci guardavano cercando di capire da quale razza di convento fossimo sbucati e a quale congrega appartenessimo.

Entrammo in un bar, credo uno dei più eleganti della città, affollato perché fra le altre cose era un giorno di mercato.

Il barman, un signore sui sessant'anni suonati, molto più suonato dei suoi anni, appena ci vide ci salutò in un modo che non lasciò dubbi sul fatto che fossimo veramente irriconoscibili.

«Buongiorno fratelli, benvenuti... posso offrirvi qualcosa?»

«Tre caffè, uno corretto grappa per il padre superiore, grazie buonuomo» risposi.

D'Angelo cominciò a leggere la «Gazzetta dello Sport», io «l'Unità». Salvi si accese una sigaretta. I clienti entravano e non credevano ai loro occhi nel vedere tre frati così casual seduti al tavolo che fumavano e leggevano il giornale.

Una signora dall'aria sempliciotta mi si avvicinò e disse: «Scusi padre, ma mi sembra di avervi già visto prima: siete di Vigevano?».

«No» replicai con aria pastorale «veniamo da Scarlingonia... a piedi. Forse ci avrà visto al telegiornale perché lui...» indicai D'Angelo che nel frattempo stava bevendo il suo caffè «è un famoso frate guaritore. Io e l'altro siamo suoi allievi».

D'Angelo, che aveva capito dove volevo andare a parare, prima sbuffò fuori un po' di caffè, poi annuì con sapienza.

Un'amica della signora prese coraggio e si avvicinò dicendo che soffriva di cervicale, aveva dei forti dolori al collo.

«Sorella» feci io «si sieda qui. Padre Eustachio ora

proverà a imporle le mani». Il sedicente padre Eustachio si avvicinò e le pose le mani intorno al collo, gli occhi strabuzzati e rivolti verso il cielo, mentre io e Salvi accanto a lui fingevamo di pregare. Alcuni clienti del bar si erano fatti intorno a curiosare. Per creare un po' d'atmosfera iniziai a intonare una specie di litania inventata lì per là.

La gente tutt'attorno cominciò a pregare. A quel punto D'Angelo, come colto da un raptus, anziché proseguire quella specie di massaggio sul collo strinse la presa e cominciò praticamente a strozzare la signora sbatacchiandola di qua e di là.

Proprio in quel momento un signore che stava assistendo alla scena bruciò inavvertitamente con la sigaretta la mano del povero Salvi, che fece un salto urlando: «Ahia! Ma cazzo, stia attento no? Mi ha bruciato, porca di quella troia!».

Calò di colpo un silenzio di tomba, un frate che smoccolava non l'avevano ancora sentito. Lasciammo il bar in fretta e furia mentre la gente ci guardava attraverso la vetrata.

«Ma non potevi contenerti?» protestammo con Salvi che si stava accendendo una sigaretta.

«Contenermi cosa?» replicò infuriato «quel pirla m'ha bruciato!».

Ne seguì un'animata allegra discussione fatta di scappellotti, insulti, spinte. Incrociammo un gruppo di anziane signore proprio mentre a D'Angelo partiva un «ma vaffanc...» e a me un «ma vai a cag...» all'indirizzo di Salvi.

Sentii chiaramente una vecchietta dire: «Ghè pu religiun, adess pijun propi tüch a fa el preve, anca el prim can che pasa, basta ch'el se buta la vesta adòs! Che schivi». Ovvero: «Non c'è più religione, oggi prendono proprio tutti a fare i preti, anche il primo cane che passa, basta che si infili la veste, che schifo».

I frati, la comparsa e il peperoncino

Proprio durante le riprese nella bella Vigevano della nostra versione de *Il nome della rosa* realizzammo uno scherzo degno della parodia che stavamo girando.

In un antichissimo palazzo che sembrava un vecchio convento avevamo ricreato l'abbazia dove si svolgeva l'intrigo del capolavoro tratto dal romanzo di Umberto Eco. Io e D'Angelo, rispettivamente il novizio Adso da Melk e frate Guglielmo da Baskerville, facevamo il verso alle grandi interpretazioni di Slater e Connery nel famoso film.

La differenza sostanziale fra la nostra storia e l'originale stava nel fatto che i nostri personaggi erano una banda di imbecilloni che solo grazie a una serie di colpi di fortuna riuscivano a venire a capo delle strane morti avvenute nell'abbazia.

I frati morivano avvelenati perché nelle cantine alcuni di loro producevano vino al metanolo, argomento allora molto attuale per via di un grosso scandalo che aveva coinvolto alcuni produttori piemontesi. Già il fatto di essere vestiti col saio, io con una parrucchetta e una frangetta da pirla, Gianfranco con barba bianca da sapiente che come investigatore non ne azzeccava una e sparava cazzate più grosse di un condominio, era una buona premessa.

Il set era splendido, una luce diffusa ricreava lo stesso tipo di fotografia del film originale. In giro una marea di comparse vestite da frati e la guest-star Francesco Salvi, altro frate poco raccomandabile che avevamo aggregato per aumentare il tasso di surrealismo della parodia. Era molto difficile per il povero regista Mariano Laurenti girare, perché la troupe scoppiava a ridere di continuo. Anche perché come al solito aggiungevamo battute fuori copione.

Per esempio, passava un frate che pregava dicendo «Ave Maria...» e noi lo salutavamo di rimando con un «Salve Giovanna...». E via cazzeggiando.

A un certo punto dovevamo girare la scena del ritrovamento, in una cappella, del corpo di un frate schiattato per chissà quale maleficio. Io e Gianfranco avremmo dovuto chinarci, aprire la bocca al malcapitato e mostrare ai frati la lingua viola, sintomo di uno strano avvelenamento. Per l'occasione ci eravamo organizzati a puntino per rendere la scena un po' più piccante. E quando dico piccante, dico veramente piccante. Infatti mi ero portato da casa del peperoncino tritato contenuto in una mini-scatoletta da tasca. Io adoro il peperoncino, lo ritengo un toccasana straordinario e lo metto dappertutto. Ma fino ad allora non lo avevo mai messo in bocca a una comparsa.

E quella comparsa era veramente un rompiscatole. Dal primo minuto ci aveva triturato le palle assalendoci con barzellette fetenti, poi aveva tirato fuori una fisarmonica e dovunque ci rintanassimo ci seguiva cantando delle lagne che ci facevano rimpiangere Luciano Tajoli. Lo sfrantumatore andava per lo meno zittito. Venne il momento di provare la scena, e logicamente io e D'Angelo ci guardammo bene dal suscitare nel malcapitato qualsiasi sospetto. Chiedemmo però al regista di fargli tirar fuori la lingua affinché la macchina da presa potesse «leggere» bene la tinta violacea.

La comparsa annuì, non c'erano problemi. Primo ciak. Senza che nessuno vedesse ci mettemmo sulla punta delle dita un po' di peperoncino. Azione...

Arrivammo sulla scena, ci chinammo sulla comparsa-cadavere, gli estraemmo la lingua per essere certi di mostrarla bene alla macchina da presa (in realtà per ammollarci su il peperoncino) e ci strofinammo sopra per bene le dita.

«Stop!»

«Buona, mi sembra buona» fa il regista.

«Mariano, possiamo girarne un'altra? Vorremmo cambiare una cosa.»

Secondo ciak, poi un terzo, un quarto... Il regista, vedendo che continuavamo a chiedere di girare la stessa scena, cominciò a sospettare qualcosa e ci chiamò da parte.

«Aò, me volete di' che cazzo state a combinà voi due? 'A scena annava bene già 'a prima vorta. Allora?»

«A Marià» fece D'Angelo «ma che sei cecato? Chiama 'mpò 'sta comparsa e chiedeje come va!».

La comparsa si avvicinò a Laurenti. Eravamo alla sesta o settima ripresa, ormai si era beccato una bella dose di peperoncino e aveva le labbra e la lingua che sembrava la Parietti.

«Tutto a posto?» chiese il regista.

«Sf... sch... grzz. Abbstnz... sfsc... pst» fece lui tentando di bofonchiare qualcosa con difficoltà per via del gonfiore alla bocca.

Laurenti ci guardò come per dire: «Ho capito tutto». Poi tornò a guardare la comparsa e aggiunse, mettendogli una mano sulla spalla: «Bene, allora ne giriamo ancora una. E tira fuori bene la lingua, eh!».

Stanate quei due

Il periodo di *Drive In* fu indimenticabile. La trasmissione aveva un successo indescrivibile e questo portava ai protagonisti principali, innanzitutto a Gianfranco D'Angelo e a me, una grande quantità di spettacoli nelle discoteche. Accadeva quindi di dover girare le puntate della trasmissione avendo dormito poco.

Ci trovavamo a Loano per girare con Beppe Recchia e la troupe dell'UPC di Milano alcune gag da spiaggia che sarebbero state utilizzate nelle varie puntate della trasmissione. Essendo filmati realizzati in appalto non si navigava nel lusso, l'hotel non era certo un 5 stelle, la produzione tendeva a farci lavorare il più possibile, praticamente dall'alba al tramonto in condizioni non proprio agevoli.

In risposta a questo clima da braccino corto, la piccola vendetta mia e di Gianfranco era rendere difficoltoso stanarci dalle nostre camere la mattina. Perché ci volevano sul set al trucco alle 7, pronti a girare alle 8. E magari la sera prima avevamo lavorato in un locale di cabaret.

Del resto avevamo dalla nostra un precedente: il grande Totò, per noi santo protettore, non girava mai la mattina, perché sosteneva fosse impossibile recitare, essere allegri e far ridere prima del pomeriggio.

Il direttore di produzione, un vero aguzzino, conoscendo il nostro pessimo umore mattutino anche per i motivi di cui sopra, ci faceva chiamare all'ultimo minuto, cioè quando la scena era già pronta, le luci piazzate, le comparse istruite. Con facilità però noi corrompevamo a suon di mance il personale dell'albergo, cosicché al mattino alle 7, quando arrivava l'assistente di produzione per farci scendere, iniziava la sceneggiata.

«Greggio e D'Angelo? Sono già usciti da un quarto d'ora.»

«Usciti? Che macchina è venuta a prenderli?» diceva perplesso l'inviato della produzione. «Nessuna, hanno detto che andavano sul set a piedi e si fermavano in un bar a far colazione.» Il ragazzo tornava sul set e avvertiva i produttori Bolzoni, Ostuni e Spampinato i quali telefonavano immediatamente in albergo e ottenevano dal centralino la stessa risposta. Seguiva una scettica caccia al duo Greggio-D'Angelo sul tragitto stradale set-hotel, battendo tutti i bar alla ricerca della coppia perduta. Ore 8: si ripresentava alla reception l'assistente di produzione.

«È sicuro che sono usciti Greggio e D'Angelo? Non ci sono in giro per Loano. Abbiamo setacciato i bar...»

Qui scattava la seconda parte del piano. Giungeva alla reception il maître dell'hotel e dava il nuovo comunicato: «Sono tornati pochi minuti fa in albergo perché la colazione al bar era scarsa. Hanno rifatto colazione».

«Meno male» diceva il ragazzo con un sospiro di sollievo, sperando finalmente di acciuffarci e portarci sul set. «Dove li trovo, nella sala ristorante?»

«No» lo incalzava il maître «erano di fretta perché dicevano che dovevano correre sul set. Hanno preso un taxi e si sono precipitati fuori».

Il povero assistente di produzione usciva esterrefatto, saltava in auto, si precipitava sul set e raccontava la nuova versione.

Sempre più scettici Bolzoni, Ostuni e Spampinato, giusto per avere la coscienza a posto, facevano un rapido giro di chiamate ai centralini dei taxi di zona: nessun mezzo era andato a prelevare clienti al nostro albergo.

A questo punto non avevano dubbi: quei due sono ancora a letto.

Alle 9 arrivavano in albergo i tre produttori, il regista Beppe Recchia e l'assistente «pesce» che si era beccato tutte le colpe. La delegazione ci trovava al ristorante dell'albergo dove stavamo tranquillamente facendo colazione dopo aver dormito un paio d'ore in più del previsto. Ci mostravamo però incazzati neri con in mano un foglietto su quale avevamo scritto apposta l'indirizzo sbagliato del set dove due ore prima avremmo dovuto girare.

Recchia, prima ancora che attaccassimo con la parte finale della sceneggiata, già si era accasciato su una sedia in preda a un attacco di riso irrefrenabile. Si faceva sfuggire fra le risate un «lo sapevo... l'avevo detto che erano ancora a letto».

«Ah, meno male che siete venuti a cercarci» sbottavamo noi «è due ore che andiamo in giro come due scemi a piedi e in taxi per cercare 'sto cazzo di indirizzo: dov'è 'sta via?».

Qualcuno dei produttori leggeva, capendo che a quel punto doveva partecipare alla sceneggiata pur di tagliar corto e portarci su quel benedetto set a girare.

«È sbagliato, qualcuno gli ha dato l'indirizzo sbagliato!»

Noi allargavamo le braccia e ci guardavamo come per sottolineare la nostra buona fede.

«Cameriere, ci fa ancora due omelette e due...»

«No... ma quali omelette» intervenivano i produttori «dài ragazzi, dobbiamo andare».

Si usciva, noi due salutando con aria distaccata il personale dell'albergo, in realtà complice e comprimario dell'evento mattutino. Spampinato, uno dei produttori nonché operatore sul set, mentre salivamo in auto aggiungeva a bassa voce: «Che non vi venga in mente di chiedermi il rimborso del taxi, eh!».

Monte-Carlo Film Festival: star e... sorprese

Ho fatto della commedia una ragione di vita, una scelta lavorativa facendo l'attore ma anche organizzando un festival internazionale, che è stata la prima manifestazione interamente dedicata alla commedia e che giunge nell'aprile 2023 alla XX edizione.

Al Monte-Carlo Film Festival sono passati tutti i grandi del cinema contemporaneo e alcuni meritano di essere raccontati.

Mario Monicelli, che fu il primo presidente della Giuria, un giorno al Grimaldi Forum rischiò di cadere dalle scale mobili. Mi stava raccontando un aneddoto su *I soliti ignoti*. Stavamo per prendere una scala mobile, lui era davanti a me, montò sullo scalino e iniziò a salire, ma nel voltarsi indietro verso di me per continuare il suo racconto perse l'equilibrio e senza accorgersene cominciò a inclinarsi come la Torre di Pisa. Anzi, a precipitare. Io, essendo un paio di scalini dietro a lui, zompai in avanti e gli appoggiai due mani sul petto per raddrizzarlo: Mario tornò in posizione eretta senza smettere di raccontare l'aneddoto interrotto solo da un rapido «grazie».

Michael Madsen, grande attore di tanti film di Quentin Tarantino, durante la serata di gala nella quale sarebbe stato premiato non usciva dalla sua camera. Mancavano pochi minuti alla sua presentazione sul palco, duemila persone in sala, ma i miei collaboratori mi mostravano dei cartelli con su scritto «Madsen non esce dalla camera». Era infatti in buona compagnia e probabilmente si era gustato la bottiglia di vino rosso che gli avevamo fatto trovare. All'ultimo secondo, quando la scaletta indicava che era il momento di accoglierlo sul palco, lo vedo spuntare con un'espressione e un passo inequivocabili, era chiaro come si sentisse e in che stato si trovasse. Lo annunciai, salì sul palco e come spesso accade l'applauso roboante del pubblico lo svegliò dal suo torpore: c'era con me già in scena il mitico Salvatore Esposito di *Gomorra*, due duri del cinema insieme. Fu un momento memorabile, il palcoscenico fa miracoli.

Mi accadde la stessa cosa con Omar Sharif che era lucido fino all'ora di pranzo, poi cominciava a bere. Parecchio. Arrivò sul palco diciamo molto incerto sulle gambe, ma sostenendolo un po' fisicamente e un po' verbalmente fu affascinante nel suo intervento applaudito fragorosamente dal pubblico.

Il fascino è eterno. Lo ha dimostrato nella XIX edizione Stefania Sandrelli, che ha attraversato la storia del cinema italiano e che ha ricevuto una delle più lunghe standing ovation del pubblico. Stessa cosa accadde per Claudia Cardinale, Monica Bellucci, Ursula Andress. A Giancarlo Giannini venne smarrita in aeroporto la valigia e quindi salì sul palco con l'abito che indossava durante il viaggio: con il suo sguardo, la sua voce suadente, il suo fascino fu il più elegante di tutti anche senza lo smoking. O Robert Hossein, attore francese che in giovane età era uno degli uomini più belli e affascinanti del cinema, non solo francese. Quando mostrai la clip di lui in tanti film con Belmondo, Jean Gabin, Sharif, ci fu un «ooohhhh» di sorpresa del pubblico francese e un abbraccio del pubblico a lui ormai ultraottantenne, che si commosse. Come si commosse sul palco Nino Manfredi, di fronte a una lunghissima standing ovation. Nino, nonostante l'età avanzata e lo stato di salute precario, di fronte al pubblico diede il meglio di sé, raccontò aneddoti, barzellette. La moglie Ermina mi chiamò tempo dopo per dirmi: «Ezio, hai allungato la vita a Nino, quella serata con la tua accoglienza, sentire il pubblico che gli vuole bene, è stato meglio delle medicine». Alberto Sordi, alla prima edizione del Festival, fu fantastico a commentare con me solo con gli sguardi ironici la lotta per primeggiare sul palco di Silvana Pampanini e Gina Lollobrigida. Una volta lo avevo accanto in un volo aereo, avrà avuto ottant'anni, e a un certo punto si alzò dal suo posto facendomi l'occhiolino: «Aò la hostess m'ha guardato, m'ha sorriso... ce vado a parlà». Tornò dopo cinque minuti e gli chiesi «Albé t'ha dato il cellulare?», e lui: «No. M'ha dato er caffè!».

Carlo Verdone è stato uno dei più amati, quando è salito sul palco per prendere il premio, conoscendo alcuni suoi aneddoti privati, l'ho pungolato a raccontarli. Come quello dell'idraulico che gli entra in casa e fa una diretta social dal telefonino dicendo: «Eccoci nella casa di Verdone, guardate l'arredamento... qua ci sono i premi... qui il bagno» con Carlo che gli correva dietro per stopparlo. Esilarante.

Paolo Villaggio, poco prima di venire in teatro per essere premiato, mi chiamò per chiedermi se doveva per forza mettere lo smoking. Gli dissi di sì perché lo volevo molto elegante. «Allora, se vuoi che entro in quello smoking maledetto, mandami tre sarte, due buttafuori, un carrozziere e un infermiere con l'anestesia.» Salì sul palco gonfio come una mongolfiera mentre lentamente i bottoni del panciotto saltavano a ripetizione. Piero Chiambretti nell'edizione del 2021 è salito sul palco in ritardo di un anno «per via dei lavori sull'autostrada dei fiori» e a tutti i costi ha voluto dare le nomination dell'anno prima. Il Festival ha avuto grandi presidenti di giuria che hanno raccontato la loro visione del cinema, John Landis è venuto apposta da Los Angeles per premiare Costa-Gavras, e poi Kusturica,

Ettore Scola, Vittorio Storaro, Nick Vallelonga, l'autore di *Green Book*, e Claude Lelouch che ha parlato al pubblico del suo primo film, un fiasco: *Le Pêcheur*, il pescatore. Era un'unica sequenza di novanta minuti in cui un tizio pescava e non prendeva mai nulla, alla fine della proiezione era rimasto solo uno spettatore che non se ne andava, lui gli si era avvicinato per chiedere «Scusi come mai è rimasto?» ma quello non aveva risposto perché dormiva di brutto.

Il più incredibile fu Peter Bogdanovich. Una notte durante il Monte-Carlo Film Festival del 2015 nel quale era presidente, andò a dormire e prese dei sonniferi che mischiati probabilmente con antidolorifici e altri prodotti curativi gli causarono degli incubi. Si alzò nella notte e, senza accendere la luce, nel dormiveglia si mise a correre nella stanza in preda all'incubo... Centrò con la faccia uno spigolo della porta che univa la sua camera a quella della figlia Antonia. Con un urlo entrò nella sua camera: Antonia accese la luce e terrorizzata si trovò suo padre urlante con un taglio sulla testa, sanguinante, le braccia allungate in avanti come uno zombie, che le svenne sul letto. Ambulanza, pronto soccorso, sette punti di sutura. Alle 11 con un cerotto in fronte Peter Bogdanovich si presentò puntuale nella sala di cinema del Festival ove presiedeva la giuria. Sua figlia Antonia no, andò da uno psicanalista.

Complimenti e momenti indimenticabili

Quando fai il mio mestiere ti arrivano una marea di complimenti, soprattutto in quest'epoca dei social dove il messaggio è immediato. Ci sono anche dei fessi che, in quanto tali, scrivono fesserie, ma è veramente facile eliminarli, non in senso fisico bensì digitale. Talvolta, i complimenti fatti dai colleghi restano magari più impressi di altri, soprattutto se quel collega è un mito.

Come la volta che Vittorio Gassman venne ospite a *Striscia*. Era il 1998 e aveva settantasei anni. Io ero in conduzione con Enzino. Per prima cosa ci chiamò in camerino e ci disse, tra l'ironico e il convinto: «Ragazzi non cominciate a prendermi per il culo!». Ci inginocchiammo di fronte a lui escludendolo tassativamente. Gassman venne in onda tranquillo di avere due suoi fan, due potenziali suoi figli e discepoli che lo adoravano. Fu una puntata memorabile nella quale a un certo punto, mentre andava in onda un filmato, mi si avvicinò e mi disse: «Eeezio (con la e apertissima) posso dire io le veline?».

«Certo Vittorio» risposi «come avrai capito quando lo dico mi ispiro a te».

Giunto il momento si alzò in piedi e sistemandosi la cintura dei pantaloni urlò con la sua tipica tonalità: «Le velineeeee».

Da allora il mio lancio delle veline è totalmente Gassmaniano.

A fine puntata ci abbracciò felice e disse: «Ragazzi, quasi quasi io torno». Tempo dopo, durante un'intervista a un quotidiano, alla domanda su chi fosse il suo erede rispose: «Non ne ho uno, ne ho due e si chiamano Greggio e Iacchetti».

Un altro episodio memorabile fu quando a *Striscia* andarono in conduzione Villaggio e Boldi. Villaggio non era a proprio agio in quel ruolo e faticava non poco. Intervistato su come si trovasse alla conduzione della trasmissione rispose, con la sua tipica cadenza fantozziana: «È dura: sostituire Greggio a *Striscia* è come sostituire Pertini al Quirinale».

Gigi Proietti, un mito. Venne ospite alla mia trasmissione di Canale 5 *La sai l'ultima?*, che avevo totalmente ribaltato dalla sua antica versione trasformandolo in uno show all'americana e invitando come ospiti grandi nomi come Enrico Montesano, Beppe Fiorello, Pippo Franco, Giancarlo Magalli, Paolo Bonolis e altri.

Proietti fu mattatore in studio, divertente come sempre. Ma fu il dopo-registrazione a rivelarsi indimenticabile, peraltro come tutte le cene e i pranzi fatti con Gigi (lui fu anche uno dei protagonisti di *Box Office 3D*, film che produssi e girai in Bulgaria).

Dopo lo show andammo infatti a cena con la mia compagna Romina, showgirl della trasmissione, e Marco Salvati, autore, da Cavallini, nel giardino esterno. E qui Gigi cominciò a raccontare le barzellette che non avrebbe potuto raccontare in Tv. Ovviamente noi tre ci sganasciavamo dalle risate, e man mano le persone ai tavoli attorno, da avventori, divennero pubblico, di un vero e proprio minishow con boati di risate e applausi. Quando ce ne andammo, la gente si alzò dai tavoli e gli dedicò una standing ovation: solo Gigi poteva riuscire a ottenerne una anche in un ristorante.

Le serate di cabaret

Quando a fine anni Settanta e inizio anni Ottanta muovevi i primi passi e volevi fare il comico, il cabaret e gli spettacoli dal vivo erano la palestra per farsi le ossa. E soprattutto agli inizi non lavoravi sempre in locali belli e ben organizzati, talvolta finivi in luoghi quantomeno inusuali.

Ora, chi non ha mai affrontato il pubblico da un palcoscenico si è perso una grande emozione. È grande, infatti, quella del recitare, ma lo è ancora di più quando di fronte a giudicarti a pochissimi metri di distanza c'è un pubblico che si fa sentire anche quando sta nel più rigoroso silenzio. E chi veniva dal cabaret, durante le serate, di silenzio ne sentiva poco, c'era sempre casino.

Talvolta perché il luogo deputato non era proprio un luogo sacro come un teatro bensì una rumorosissima discoteca piena di ragazzi, oppure una festa cittadina dove nugoli di marmocchi festanti si aggiravano strillando o una convention di venditori d'azienda che nell'occasione facevano più casino dei tifosi della «fossa dei leoni» o della curva sud.

Ogni volta era una sfida nuova, una gara col pubblico e con se stessi.

Gli impresari che piazzavano le serate, che organizzavano spettacoli e manifestazioni erano, negli anni Ottanta, per la maggior parte quantomeno singolari. Forse non tutti, ma molti erano persone semplici, oneste e sono quelli che durante la carriera rincontravi volentieri. Altri consideravano lo spettacolo come un mondo facile da affrontare, divertente, un hobby che faceva far loro bella figura con gli amici, conoscere le star, guadagnare senza fatica e tirarsela come se fossero Garinei e Giovannini. Ho lavorato con gente che di giorno faceva l'impresario edile e di notte andava in giro per discoteche a vendere spettacoli. Rappresentava orchestre con nomi tipo «Cemento a pronta presa», «Pino e i mattoni», «Gli idrosanitari».

Ho lavorato con altri che vendevano serate e non si presentavano mai nei locali in cui mi esibivo: di mestiere facevano i metronotte. Altri ancora che non avevano venduto la serata e si presentavano invece nei locali per avere un compenso, e nella vita facevano i «protettori». Comunque, gente strana.

E così ogni volta, o quasi tutte, nasceva il soggetto

per una storia che vale la pena di raccontarvi. Non solo per ciò che accadeva sul palco ma anche per ciò che avveniva prima e dopo: il viaggio, la fauna degli impresari di spettacolo, gli incontri, il dopo-serata.

Da Marina di Camerota a Porto Palo

Era il 1973, avevo appena terminato le superiori, mi ero iscritto all'università a Torino e, oltre a giocare a calcio nella giovanile della Cossatese che militava in serie D, per essere autonomo facevo cabaret, muovevo i primi passi nello spettacolo. Quell'estate facevo l'animatore in un bellissimo centro turistico di Ermenegildo Zegna, nel Cilento, a Marina di Camerota, in provincia di Salerno, a due passi da Palinuro, immerso in un parco e che aveva una torre saracena prospicente il mare. Quasi tutte le sere organizzavo l'intrattenimento e coinvolgevo gli ospiti in gare che erano le antenate di *X Factor* e *Tú sí che vales*.

Non pago avevo accettato un contratto da due impresari di spettacolo, Mimmo Spera di Borgomanero e Isidoro Saitta di Cinisello Balsamo, per andare a condurre e animare delle serate in Sicilia. Fatto sta che mi alzavo alle 5 del mattino, sfruttavo il passaggio di Vittorio, un omone che sembrava uscito da un film con protagonista Ercole, che col furgone andava a prendere il pane per il centro turistico di Zegna fino a Sapri, dove prendevo un primo treno che mi portava in Sicilia. A Villa San Giovanni il treno veniva man man infilato nella pancia di un traghetto e sbarcato poi a Messina, dopodiché cambiando uno o due treni arrivavo alla destinazione dove dovevo esibirmi. Sul ponte assistevo estasiato all'attraversamento dello stretto fino all'apparizione della stele con la Madonna della Lettera al porto di Messina. Viaggiavo mediamente in treno dalle dodici alle quindici ore. A volte restavo in Sicilia per più giorni, avendo più conduzioni da fare negli spettacoli di piazza, per evitare lo sbattimento di quel viaggio. La Sicilia mi affascinò, i panorami, i profumi, il calore della gente, il cibo così diverso dal Piemonte, me ne innamorai subito.

Una volta trascorsi alcuni giorni a Pachino, dovendo far spettacolo in quella città e in alcune aree limitrofe. Ero ospite del sindaco, l'avvocato Francesco Caruso, persona affabilissima che, vedendomi così ragazzino, mi portò a visitare i vigneti della sua famiglia dicendomi: «Il barbera piemontese si fa qui in Sicilia». Mi spiegò che i loro vini erano di alta gradazione e venivano spediti al Nord per tagliare i vini locali, che invece di gradi ne facevano pochi. Quella sera feci il conduttore nella bellissima piazza Vittorio Emanuele di Pachino colma di gente, grande calore. Il giorno dopo dovevo esibirmi in un intervento di quarantacinque minuti di cabaret in una piccola piazzetta, il Cortile Arabo di Marzamemi e anche quella fu una serata indimenticabile, anche se sono passati quasi cinquant'anni.

Arrivai in anticipo e vidi una scena fantastica: le persone arrivavano da casa con le sedie, c'era chi la trascinava, chi la portava sulle spalle, chi in testa con la sedia girata al contrario, forse gente abituata a portare anfore o scatoloni nello stesso modo. Gli spettatori erano tutti vestiti di scuro, molti uomini avevano la tipica coppola in testa, piazzavano le loro sedie e si sedevano. C'era una piccola orchestrina locale che allietò il pubblico e poi fu il mio turno.

«Amici» disse dal palco l'organizzatore locale della serata con forte accento siculo siracusano «direttamente dal Nord, dal Piemonte, c'è qui stasera un vastaso (un ragazzo), un comico imitatore che si chiama... (lesse il nome su un pezzo di carta) Eziogreggio». Lo pronunciò tutto attaccato. «Un applauso.»

Il pubblico applaudì, composto. Sciorinai il mio repertorio fatto di storielle alla Walter Chiari, imitazioni di Mike Bongiorno e Jerry Lewis, facevo anche un telegiornale con le imitazioni dei giornalisti più noti di allora come Ugo Zatterin, Ruggero Orlando e Jader Jacobelli. Passavo da un pezzo all'altro nel silenzio più assoluto: non si udiva una risata, un applauso anche caritatevole, niente. La gente era immobile, imbalsamata.

A Marzamemi si era fermato non solo il tempo, anche il ronzio di mosche e zanzare, un silenzio apocalittico. Eccetto il battito del mio cuore che sembrava un assolo di batteria di Ringo Starr. Finii con un inchino e rimasi piegato a testa in giù per fare capire che avevo concluso. Si udì il composto rumore di un applauso amalgamato a un vociare di commenti.

Scesi dal palco e andai verso l'organizzatore: «Scusi, mi spiace, non c'è stata una risata, un segno di approvazione, nulla. Non mi deve pagare, mi scusi ancora».

Lui mi guardò stupitissimo e mi disse: «Eziogreggio, che minchia dici, sei andato benissimo. Qua la gente ride dentro, ti hanno ascoltato con attenzione. Un successo, sei arrivato alla fine, ti hanno gradito. La settimana scorsa a un comico di Enna gli hanno tirato i sassi, le sedie, è finito all'ospedale».

Tornai a Marzamemi, nel Cortile Arabo, coi miei figli ragazzini, trent'anni dopo, gli mostrai quella piazzetta dove papà diciannovenne pieno di sogni aveva fatto uno dei primi spettacoli lontano da casa. C'era un gran vociare attorno che proveniva dai bar, dai ristorantini all'aperto della piazza accanto dell'Antico Borgo dei Pescatori. Ma io in quella piazzetta non udivo rumori, né suoni, né grida di bambini... sentivo solo il silenzio di quella serata d'estate lontana nel tempo, cinquant'anni fa.

L'impresario e la guerra coi conigli di Valguarnera

Quando si debutta e si hanno vent'anni non si guarda il pelo nell'uovo, non si è sofisticati e attenti come quando arriva il successo e ogni scelta diventa determinante per il proprio futuro. Non si vede l'ora di trovare occasioni di esibizione, per allenarsi, per cimentarsi, per campare senza i contributi dei genitori che sono già abbastanza disperati per la tua scelta di lavorare nello spettacolo.

Era la metà degli anni Settanta e alcuni impresari amici, Ronchi e Saitta di Milano, in collaborazione con il mio allora agente dei primi passi, Mimmo Spera, ebbero la splendida idea di organizzare, attraverso un impresario locale, una tournée in Sicilia.

Lo show era costituito da me, debuttante sconosciutissimo, e da Riccardo Fogli che si era staccato dal gruppo musicale dei Pooh. Io avrei fatto la prima parte intrattenendo il pubblico col cabaret, poi Fogli con le sue canzoni sarebbe stato l'attrazione forte della serata.

Fin qui tutto bene. Ma come si può sperare di far pubblico in Sicilia con un cantante che in quell'epoca oltre che bravo era un bell'uomo e quindi piaceva alle ragazzine, quando il novanta per cento delle ragazzine, nelle città di provincia dove ci esibivamo la sera, non poteva uscire di casa? E se un dieci per cento di quelle ragazze usciva, aveva il padre e tre fratelli al seguito a mo' di guardie del corpo. Se poi qualcuna riusciva ad arrivare di fronte al teatro dove ci saremmo esibiti, non appena i parenti che le scortavano vedevano i prezzi che l'organizzatore sbatteva in bacheca le poverelle tornavano immediatamente ad aumentare la percentuale di quelle barricate in casa.

Piscitello, l'organizzatore siciliano che assomigliava vagamente al cantante Drupi ma solo se era di spalle e al buio, e ci teneva che noi lo dicessimo in continuazione, divenne subito famoso per non azzeccarne una.

All'arrivo mio e di Ronchi, si presentò all'aeroporto con una Fiat 127 gialla tamarro.

Anzi forse in origine era una 128, ma tante e tali erano le ammaccature da farla somigliare più a una 127. Il viaggio di avvicinamento a Valguarnera, dove lui ci avrebbe ospitato, fu un inferno: la 127 oltre che a benzina andava a olio e acqua.

Ogni venti chilometri Piscitello si fermava, metteva cinquemila lire di benzina, dieci litri d'acqua e un paio d'olio. Giunti a Valguarnera, scoprimmo che non esisteva alcun hotel per me e Ronchi, bensì eravamo ospiti a casa di Piscitello. La sua famiglia era disperata, consideravano quel figlio uno scavezzacollo, uno che avendo vissuto un po' a Milano si era montato la testa.

Il padre, una persona semplice, ci trattò come parenti stretti e ci diede la stanza più bella. La madre e la sorella ci viziarono con piatti tipici della cucina tradizionale siciliana. Il cognato, muratore dotato di un buon senso dell'ironia, sapendo che impegno si era preso Piscitello, piangeva.

La famiglia ci conquistò e noi loro, insomma nacque una sorta di complicità per far sì che «Piscitello figlio» non trasformasse quella sua aspirazione a organizzare spettacoli, e quella tournée in particolare, nella tomba delle sudate finanze di famiglia. L'impresa, nonostante la nostra cooperazione e la buona volontà, si presentò però quanto mai ardua.

Le piazze e i teatri erano frutto di un'accurata ricerca così suicida da far invidia a Kevorkian, il dottor morte. Il nostro show a pagamento finiva in teatri fatiscenti, contro spettacoli di piazza gratuiti per la festa del paese, oppure in discoteche sull'orlo del fallimento che non avendo pubblico avrebbero accettato anche lo striptease di un fagiano. Riccardo Fogli capì subito l'aria che tirava ma ormai era lì, doveva provare il suo spettacolo che poi avrebbe portato in giro per la penisola. Accettò amichevolmente il rischio di lavorare senza vedere una lira, anzi rimettendoci del suo.

Piscitello veniva travolto dagli eventi di giorno in giorno, di ora in ora, conscio unicamente di non avere la minima idea di cosa stesse facendo.

«Ma chi te l'ha fatto fare di organizzare una tournée?» gli chiedevamo notando, sarebbe stato difficile il contrario, le pecche organizzative.

«Sento che questo è il mio mestiere, sono stufo di fare il cameriere in Germania.»

«Il tuo mestiere, eh? Ma se domani debuttiamo e non hai ancora attaccato i manifesti!»

Si dava una pacca sulla fronte esclamando: «Minchia!».

Quella dei manifesti era una sua dimenticanza ricorrente, organizzava gli spettacoli e non si ricordava di farli affiggere. Ora, la gente non andava a vedere lo show quando i manifesti c'erano, figuriamoci quando mancavano. Talvolta li aveva consegnati agli attacchini che però, non avendo ricevuto neanche un acconto, li buttavano nella spazzatura. Il pubblico sarebbe dovuto accorrere come per incanto, trascinato dal vento o da una stella cometa.

In quello sbandamento generale, la notte precedente il debutto e tutte le notti successive, quando sulle strade di campagna rientravamo verso casa sua, un evento ricorrente ci fece capire con esattezza qual era il seme della follia che attanagliava Piscitello: i conigli selvatici. Come colto da un raptus improvviso, mentre con la famosa 127 a triplo consumo affrontava i tornanti verso Valguarnera, non appena vedeva un coniglio selvatico attraversargli la strada gli si lanciava contro a tutta velocità. Io e l'impresario Ronchi, irrigiditi dentro l'automobile ad arti spalancati come l'uomo vitruviano di Leonardo da Vinci, tentavamo inutilmente di dissuaderlo invitandolo alla calma. Lanciando improperi e bestemmie sicule contro il povero coniglio saltellante, Piscitello zigzagava paurosamente, faceva stridere sull'asfalto la tela degli pneumatici ormai senza gomma da anni, sobbalzava sul ciglio irto di buche e sassi finché immancabilmente andava a sbattere contro un albero o contro un masso.

«Ma porca putt... ma cosa ti prende, ma sei scemo?» gli chiedevamo.

«Minchia, io quel coniglio lo devo prendere.»

«Ma cosa ti ha fatto, che ti frega di quel coniglio, qui ci ammazziamo giù dal burrone per colpa di 'sta stronzata.»

«Non capite» esclamava convinto «la soddisfazione di arrivare a casa e sbattere sul tavolo un bel coniglio selvatico che poi ci mangiamo, ma vi rendete conto? Già mi vedo la faccia di soddisfazione di mio padre... mia madre che lo cucina... tutta la famiglia che fa festa al coniglio».

Ronchi, seduto sul sedile posteriore, aveva lo sguardo vitreo, fisso sulla nuca di Piscitello che a sua volta, con la faccia appoggiata alle mani ben salde in alto sul volante, guardava diritto di fronte a sé quel panorama dove piccoli paesi all'orizzonte si perdevano nel buio del cielo.

Proprio come le nostre speranze di tornare a casa coi soldi del contratto e con le ossa ancora intere.

Abbandonati sulla spiaggia a Porto Empedocle

Dopo le prime tappe della tournée organizzata dal disastroso Piscitello ci fu una sosta, una giornata nella quale non ci sarebbe stato lo spettacolo. Ne approfittammo per una pausa di riflessione, nel senso che cercammo di indurre Piscitello a tornare al suo impiego come cameriere in Germania.

«Lascia perdere» lo esortò Ronchi pensando alla disperazione dei familiari dello scavezzacollo «facciamo finta che abbiamo scherzato. Dimentica questa tournée e soprattutto cerca di dimenticarti questo lavoro».

«Ragazzi, tranquilli, oggi voi riposate. Ho avuto un'idea geniale: attacco io i manifesti per le prossime tre serate. Con le prossime date recupero tutto, me lo sento.»

Se lo sentiva. Il disgraziato era così frastornato che non avrebbe neanche sentito uno spiedino da barbecue incandescente conficcato da chiappa a chiappa.

Scendemmo dalla «127 rabbit» impestata di rotoli di manifesti, pentoloni di colla, pennelli con la prolunga per le affissioni sui muri più alti.

Piscitello ci lasciò su una spiaggia bellissima vicino a Porto Empedocle, a cui si accedeva percorrendo una ripida discesa.

«Ragazzi, dunque, sono le 9.30 del mattino, vi vengo a riprendere alle... 5.30 del pomeriggio. Lì sotto c'è un ristorantino familiare delizioso, dite che vi mando io.» Ce ne guardammo bene, certi che facendo il suo nome ci sarebbe arrivato sulle spalle un conto di Piscitello non pagato da anni. Fatto sta che trascorremmo una giornata indimenticabile abbrustolendo al sole che solo in Sicilia sa essere così piacevolmente caldo, facendo bagni, assaggiando le specialità del ristorantino seduti a un tavolo sotto il tetto di paglia della veranda affacciata sulla spiaggia e chiacchierando piacevolmente con alcuni milanesi che avevano costruito le loro case di vacanza in quel posto così isolato ma pieno di fascino.

Tutto andò meravigliosamente bene fino alle 17.30, ora in cui in cima alla salita avremmo dovuto veder riapparire il rottame di 127 gialla e ruggine, con alla guida il corpo minuto di Piscitello col viso sudato, tutto cosparso di colla da manifesti da capo a piedi.

Ma alle 17.30 lassù non apparve nessuno.

«Con tutti i manifesti che aveva da attaccare, è normale che sia un po' in ritardo» ci dicemmo noi, più per esorcizzare uno strano presentimento che per reale convinzione.

Andammo a fare un altro bagno e, nonostante ormai sembrassimo due aragoste più che due esseri umani, restammo ancora un po' al sole.

Alle 20.30, sempre in tenuta da mare, decidemmo di cenare al solito ristorantino. A mezzanotte e dopo il sesto caffè, cominciammo a dubitare che Piscitello sarebbe mai arrivato, e a chiederci come poter rincasare.

«Gli autobus fino a domattina alle 9 non passano, taxi o auto a noleggio non ce ne sono» ci disse la proprietaria del ristorantino.

Telefonammo a casa di Piscitello, nessuno lo aveva più sentito né visto da quando al mattino aveva lasciato l'abitazione, i cellulari non esistevano. Quando accennammo alla possibilità che il loro caro potesse aver subito un incidente cogliemmo nella loro voce più una speranza che una preoccupazione.

Alle 2 del mattino la signora del ristorante, ultimate le pulizie del localino e della veranda dove avevamo fatto pranzo e cena, accondiscese a prestarci dietro cauzione una sdraio e un lettino da sole. Come due profughi, io e Ronchi ci addormentammo rispettivamente sul lettino da sole e sulla sdraio, in costume da bagno e T-shirt, coperti dall'asciugamano da spiaggia, lanciando una serie di preghiere notturne all'indirizzo di Piscitello, il fantasma di Valguarnera.

Fu una notte da incubo. Mai la storia della meteorologia siciliana, con particolare riferimento alla zona di Porto Empedocle, vide le temperature notturne precipitare in maniera così violenta. Il massimo del minimo lo raggiungemmo verso le 4, quando dal mare si alzò una fitta nebbia spinta dal vento.

Ci avvolse, ci sconvolse, ci congelò. Ronchi in preda agli incubi (cioè sognò ciò che ci stava accadendo realmente), cadde almeno un paio di volte dalla sdraio.

Verso le 6 e 30, svegliato dal vociare di alcuni pescatori che stavano tirando a riva le reti, mi alzai per andare ad aiutarli e Ronchi ne approfittò subito per impossessarsi del mio ben più comodo lettino da spiaggia.

Avemmo il tempo per una calda prima colazione, per rifare un paio di bagni, per consumare alle 13 un nuovo spuntino a base di pesce pescato poche ore prima.

Poi, sapendo che la sera avremmo dovuto essere a Gela per lo spettacolo, decidemmo di andarci in autobus.

Vi giungemmo dopo ore di viaggio, verso le 20: nessuno aveva visto Piscitello.

Alle 21, mentre un po' di gente stava entrando in teatro, una 127 gialla entrò come una saetta sul piazzale e inchiodò davanti alla cassa.

Scese Piscitello con l'aria sconvolta, vestito allo stesso modo del giorno prima ma molto più sciupato in viso, stropicciato, completamente disidratato, gli occhi fuori dalla testa e i capelli tutti storti, l'auto ancora zeppa di tutti i manifesti che evidentemente non aveva affisso. Unica differenza: nel barattolone della colla ancora intatto, la colla si era asciugata.

«Ma che cazzo ti è successo?» chiesi con uno sguardo misto di commiserazione, incazzatura, curiosità.

«Ieri faceva molto caldo» disse con la voce cavernosa di chi si è appena alzato «... minchia che caldo. Ho avuto un colpo di sonno. Mi sono fermato a un chilometro da dove vi ho lasciato e mi sono addormentato sul ciglio della strada, in un posto dove non c'era neanche un albero. La macchina era un forno, minchia che caldo, che dormita... insomma mi sono svegliato due ore fa!».

«Hai dormito un giorno e mezzo in macchina?»

«Sì, sarà stato il caldo... le esalazioni della colla... minchia mi sono svegliato due ore fa.»

Sembrava Aldo di Aldo, Giovanni e Giacomo in uno dei suoi sketch. Continuò a ripetere quella frase più volte mentre, camminando come un automa, entrava in teatro. Nessuno gli disse più nulla né tentò di rimproverarlo.

La tournée finì in fretta, la carriera di Piscitello organizzatore anche, mi restò una sua cambiale che non misi mai all'incasso: avrei avuto più possibilità di far tredici al Totocalcio senza aver giocato la schedina.

Scusi, dov'è la discoteca?

Uno dei capisaldi del cabarettista era proprio la serata, lo spettacolo dal vivo.

Soprattutto agli inizi di carriera, tre serate al mese erano vitali. Ti permettevano di dimostrare ai genitori che stavi lavorando e riuscivi a pagarti, col ricavato di ogni singolo show, il pieno di gasolio per arrivare fino al locale in cui dovevi esibirti. Anche se poi i soldi non bastavano per il ritorno perché, per strano che possa sembrare, già in quei tempi il carburante era molto caro. Per fare il pieno già allora ti dovevi vendere la macchina. Per questo motivo molti colleghi hanno smesso subito e lì sul posto hanno aperto chi una pompa di benzina, chi una rivendita di auto usate.

Ma i posti in cui si finisce a lavorare agli inizi sono pazzeschi. In una primissima fase della mia carriera, quando non avevo la certezza che il mio sarebbe diventato un vero lavoro, cioè intorno ai vent'anni, mi sono esibito in locali da brivido.

C'erano alcuni impresari teatrali dell'hinterland milanese che, avendomi visto lavorare in luoghi canonici quali un teatro-tenda o un locale uso agli spettacoli cabaret, pensarono bene, visto il mio costo esiguo, di propormi come serata alternativa. Questo significava che nel pacchetto di vendita di orchestre rock o di liscio venivo infilato come ciliegina. Mi capitava così di lavorare in discoteche talmente diverse tra loro che era come passare dall'Alaska all'interno di un altoforno della Breda. Il primo problema che mi trovavo ad affrontare era trovare il locale perché all'epoca non c'era il GPS, né Google Maps o il TomTom.

Quando debutti non ti puoi permettere un collaboratore che ti accompagni né, visto l'esiguo cachet, l'impresario che venga sul posto e ti aiuti a pianificare tutto per il meglio. Così con la macchina sbidonata, una cartina più o meno geografica reperto della guerra del '15-18, qualche nota su un pezzo di carta, ti avventuravi nella periferia di Milano in cerca della discoteca Mandrake di Buzzarrate Milanese al Lambro di Sotto (gemellato con Questcequilpass in Francia). Facevi due conti: da casa mia in Piemonte a lì, be', in fondo è Milano... mi ci vorrà un'oretta. Parto alle 8 di sera.

N° 1

Ogni volta era la stessa storia. Sulla A4 Torino-Milano c'era un tir che si era rovesciato. Il casello dove dovevi uscire era chiuso per lavori, per cui dovevi fare un giro più largo di una quarantina di chilometri. Se per colmo di fortuna il casello era aperto, appena fuori o bolliva l'acqua nel radiatore, o foravi, o incontravi una mietitrebbia sulla strada provinciale che viaggiava a 3 all'ora e ti impediva il sorpasso per ore. Una certezza era la nebbia non appena arrivavi in zona discoteca. Fra un contrattempo e l'altro avevi già fatto per lo meno le 11, in più con la visibilità scarsa, l'unica salvezza era il paesano in bici che ti desse qualche informazione.

Ora i paesani, cioè gente di paese abitante nei dintorni di Buzzurrate Milanese al Lambro di Sotto (gemellato con Questcequilpass in Francia), avevano solo un paio di tipiche reazioni quando sentivano uno che chiedeva informazioni sulla discoteca: o ti mandavano «affanc...» con annessa forconata sulla carrozzeria o ti davano un'indicazione dalla quale ti salvava solo la forestale giorni e giorni dopo.

Forse perché quei poveracci, per colpa della discoteca, non dormivano dal fracasso, le mucche smettevano di dare latte o erano tirati giù dal letto per recuperare col trattore l'auto di uno sconosciuto completamente ubriaco finito in mezzo al loro campo di granoturco.

Anche dopo la fatica degli esordi, negli anni Ottanta e Novanta, alcune caratteristiche delle serate di cabaret non sarebbero cambiate: si viaggiava molto e si arrivava stanchi e distrutti a dormire alle 3 o 4 del mattino. A quel punto, potendoselo finalmente permettere, bisognava obbligatoriamente scegliere ottimi alberghi dove tutto fosse funzionale, anche poche ore di riposo e relax servivano a ricaricarsi, a riposarsi.

Ma non tutti i grandi e celebrati hotel erano uguali, alcuni avevano dalla loro la discrezione, il servizio e la cordialità che conviene alla loro categoria e al loro glorioso passato. Altri di buon livello, ma meno esperienza e privi di fama blasonata, crollavano su alcuni particolari. Ricordo alcuni casi che mi sono accaduti qua e là nei miei spostamenti per la penisola.

Mi accadde per esempio che l'arrivo la prima volta in albergo del personaggio popolare, del noto volto televisivo, suscitasse qualche lieve problema, che si sarebbe appianato poi in futuro, alle successive soste. Come l'assalto dei lift e portabagagli: non facevi in tempo a parcheggiare l'auto che ti arrivavano tutti addosso prodighi di attenzioni. Ti aprivano la porta, ti stringevano la mano o un gomito o una caviglia, quello che capitava ed era rimasto libero, poi si tuffavano sui bagagli.

«Per cortesia, mi salga in camera tutto quello che ho nel portabagagli dell'auto» chiesi una volta incautamente a un neoassunto di giovane età, mio emozionatissimo fan.

Alcuni minuti dopo, oltre ai vari bagagli avevo sul comò anche la ruota di scorta, il cric e il mini-estintore.

È un localino piccolo... un ritrovo

Erano gli anni di *Drive In*, indimenticabile successo televisivo andato in onda tra il 1983 e il 1988 e tutti noi protagonisti di quel fortunato show facevamo serate in giro per l'Italia. Capitava così che gli impresari teatrali con i quali c'era un rapporto d'amicizia talvolta ti chiedessero dei favori. Come Raniero Cecchini della Veronica Spettacoli di Pesaro, un ragazzo simpatico oltre che un buon professionista. In quegli anni Raniero lavorava moltissimo con noi, sia singolarmente che in gruppo con più artisti nella stessa serata.

«Ezio» mi disse una volta «mi devi fare un favore. C'è un localino piccolo, come posso dire... un ritrovo. La capienza è limitatissima. E poi non hanno mai fatto cabaret. Alla prima occasione che sei in zona magari ci facciamo un doppione».

Nel nostro gergo il «doppione» era una doppia serata. Dopo che ti eri esibito in una discoteca andavi a fare nella stessa serata un'esibizione in un altro locale di un'altra città. L'occasione arrivò. E anche la verità. Quel contapalle di Raniero non mi aveva detto che il ritrovo non era altro che un bar, elegante, ma un bar, in pieno centro a Pesaro. Il titolare del bar, che era un mio grande fan, aveva rotto così tanto le scatole a Cecchini da convincerlo a raccontarmi un sacco di panzane pur di portarmi lì.

E tu che fai? Ormai sei lì, quelli del bar ti acclamano come se fosse uno stadio. Ti tiri indietro? Spalle al barman, serissimo, che continuò imperterrito a sbatacchiare i cubetti di ghiaccio nello shaker, snocciolai i monologhi dell'Asta Tosta e del Criticatrutto. Ne approfittai però per dargli fastidio anch'io. Appena mi voltava le spalle per prendere una lattina o una bottiglia, gli fregavo il cocktail che aveva appena preparato e lo offrivo ai clienti. Mitiche le espressioni sorprese che faceva ogni volta il barman, e la grande collaborazione e omertà del pubblico.

Soprattutto se ne giovarono i clienti coi tavolini che avevo giusto di fronte. Un tizio a un passo da me, al quale avevo passato di straforo per lo meno una decina fra cocktail e bicchieri di whisky, alla fine si alzò barcollando e mi disse con un forte accento marchigiano: «Ezio, va' là, che sei un fenomeno. Ho riso da bestia, ho bevuto come una spugna e ho pagato solo un caffè!».

La disco-stalla

Nei miei peregrinaggi in giro per la penisola ho lavorato in discoteche galattiche con capienze da stadio, in teatri monumentali, in piazze famose in tutto il mondo. Ma anche in locali che definire incredibili non rende sufficientemente l'idea. Uno di questi mi capitò quarant'anni fa. Dovevo tenere il mio intervento di cabaret nel tardo pomeriggio di una domenica, in una discoteca di un paesino nelle campagne emiliane. O meglio, non era proprio in paese la discoteca, bensì in una frazione ancor più decentrata. Con un accompagnatore giungemmo verso le 2 del pomeriggio nel luogo che ci era stato segnalato dall'organizzatore dello spettacolo.

La frazione corrispondeva, via e numero civico pure. Ma non c'era una discoteca, bensì una fattoria oltretutto in condizioni fatiscenti. Certi di aver sbagliato qualcosa, suonammo al campanello del portone della fattoria.

Si affacciò una signora sui sessant'anni, bella paciosa. Chiesi con un mezzo sorriso – sicuro di ricevere una risposta negativa, unitamente a un insulto e al lancio di un gatto morto – se per caso da quelle parti c'era una discoteca. La signora, con tipico accento emiliano, ripose: «Ma certo, lo sanno tutti. Adesso è ancora chiusa». Guardai ancora in giro per vedere qualcosa che somigliasse a una discoteca, non so... almeno un'insegna col nome del locale o il marchio di una bevanda. Niente. Dissi alla signora che mi dovevo esibire e quindi avrei voluto vedere il locale. «Un momento. Vado a chiamare mio figlio che sta lavando il trattore.»

Il figlio era praticamente uguale alla madre ma senza i baffi. Mi diede due o tre pacche sulle spalle che a confronto Chiellini, quando mena un attaccante, gli fa una pippa. «Ezio, va' che sei forte vè» mi urlò con simpatia e trasporto «non mi perdo una puntata del *Drive In*. Ma la Tini Cansino è sposata?».

Gelai le sue speranze di fidanzamento con la soubrette dello show e gli chiesi di mostrarmi la discoteca. Il locale era lì, dentro la fattoria.

L'avvicinamento fu degno di una delle puntate più riuscite di *X-Files*. Girando attorno al caseggiato principale giungemmo nella grande aia posteriore. Fra buche, pozzanghere, rane e rospi, gatti e cani disperati, copertoni d'auto ammassati che si confondevano con cacche di mucca grandi come i copertoni stessi, giungemmo di fronte all'imponente portone di una vecchia stalla. Guardai il mio accompagnatore che per sdrammatizzare gettò lì un «be', come posto è originale». Il ragazzo proprietario sfilò un paio di chiavistelli e aprì la porta. Un pavimento a grandi piastrelloni rifletteva la poca luce che filtrava attraverso i vetri anneriti da anni e anni di polvere mai rimossa, e finiva contro pareti bianche di cemento rabboccato alla meno peggio. Pure il soffitto di travi era imbiancato e dall'alto scendevano quattro lampadine pitturate in quattro colori diversi.

Il tutto era vuoto, completamente vuoto, come in un film surrealista degli anni Settanta. Non una sedia, un tavolino, un divanetto. Niente. Ma con un effetto speciale mai visto in altri locali: l'acqua. Dal soffitto infatti cadeva una pioggia di goccioline d'acqua, era la condensa dovuta alla differenza fra la temperatura esterna e quella interna, molto più bassa per via delle spesse mura. In un angolo, protetto da un ombrellone aperto, un tavolinetto con un giradischi, qualche LP e una specie di impianto musicale così obsoleto che anche Orietta Berti agli esordi si sarebbe rifiutata di utilizzarlo. Per terra, accanto al tavolo, un po' di bibite e dei bicchieri di carta. Non so perché, ma chiesi se c'era un microfono.

«Certo» rispose fiero «qui abbiamo tutto».

Vi risparmio la descrizione del microfono.

Andai a mangiare qualcosa col mio accompagnatore, in una trattoria non lontana, certo che avrei fatto il mio spettacolo di fronte ai familiari del ragazzo e alle vacche da latte che erano sicuramente di famiglia.

Non avevamo visto né un manifesto affisso né qualsiasi altra forma di pubblicità che facesse sperare nell'arrivo di pubblico. E poi quel posto era così isolato. Alle 17, con grande difficoltà e poche speranze, raggiungemmo la fattoria.

C'erano macchine parcheggiate, anzi letteralmente infilate dappertutto. Il locale-stalla era pieno all'inverosimile. Un'orda di ragazzi, per lo più dediti al lavoro di campagna, gente semplice, ma di una simpatia e allegria indimenticabili, aveva invaso ogni centimetro quadrato. Capii perché la stalla non aveva alcun tipo di arredamento: o i tavoli e le sedie o i ragazzi, non c'era posto per tutti. Salii come a Hyde Park su una cassa di plastica dell'acqua minerale per farmi vedere e cominciai il mio intervento. Ci fu grande entusiasmo, anzi, certe battute suscitavano esplosioni degne di un concerto di Rod Stewart. Il calore di quei ragazzi superava sia i limiti architettonici del locale sia il suono metallico del microfono che faceva rimpiangere i megafoni dei comizi da piazza di paese.

Me ne andai verso le 8 di sera, dopo aver fatto con ognuno di loro una foto e firmato un autografo a ciascuno. Mi ringraziarono per la disponibilità e per non aver fatto come un collega che si era esibito per venticinque minuti, aveva preso i soldi e se l'era squagliata. Mentre stavo salendo in auto, il ragazzo titolare della discoteca-stalla nonché cassiere, barman e disc jockey, mi strinse forte una mano. Nell'altra mi mise un salame di loro produzione.

Non ricordo quanto guadagnai quella sera. Ma il sapore del salame sì: buonissimo.

Tomasoni

Una volta feci un viaggio con un impresario patito degli optional da auto, di qualsiasi tipo fossero. Era uno della provincia di Brescia, di cognome Tomasoni, non ricordo più come si chiamasse di nome. Aveva una Mercedes, ma appena salivi a bordo era come una specie di astronave-ufficio fatta in casa. Molto fatta in casa, e pure male.

Stavamo andando a fare uno spettacolo e durante il tragitto cominciò a elencarmi tutte le diavolerie che aveva a bordo: «Questo è il telefono che sparisce nel bracciolo, qui se apri il cassetto esce il fax... devi mandare un fax? Ma dài, manda un fax! Non fare complimenti, su dài, mandalo».

«No, grazie. Non devo mandare nessun fax... ehm, ti spiace guardare la strada?» risposi.

Ma lui niente, ormai esaltato continuava: «... questo è il doppio CD e questo il mixer. Uè, sta attento eh, che se c'ho su una sbarbata ci mixo al volo due pezzi e quella crolla. Saran duemila watt. O me la dà o diventa sorda, ah ah ah!».

Ero disperato, era chiaro che 'sto tizio aveva qualche valvola del cervello che non funzionava. Ma non c'era verso di fermarlo e soprattutto di fargli mantenere le mani sul volante e lo sguardo sulla strada.

«Uè, tu, lo vedi questo? Questo è il segnalatore delle pattuglie della polizia e questa...»

«Per favore guarda la strada» insistevo.

Ma lui niente: «... la televisione. C'ho anche l'antenna col satellite nel cofano e il decodificatore. Vuoi vedere la CNN? Te la faccio vedere. Ma su dài, non fare complimenti».

«Non mi interessa vedere la CNN in auto. Guarda la strada. Non guardare la televisione, per favore.»

Non si beccava nulla su quella piccola tv in bianco e nero, neanche la vecchia Rai Uno che di solito aveva un segnale forte, altro che satellite. Cominciò a smanettare per dimostrarmi che invece funzionava tutto benissimo. E dimenticò, nonostante le mie insistenze, di tenere d'occhio la strada.

Il rettilineo finiva su due curve a novanta gradi, una a destra e una a sinistra. Di fronte un bel campo. Il pistola, preso dalle manopole della sintonia di quella specie di videocitofono da macchina, tirò dritto... e finimmo in mezzo al campo melmoso, piantati fino a metà ruote.

Con l'auto ferma, forse per via del contraccolpo, la mini-tv si mise a funzionare.

Del tutto indifferente all'incidente, Tomasoni esclamò soddisfatto: «Uè, te l'avevo detto che funziona, dài!».

Io ed Enzino Iacchetti

Con Enzino facciamo coppia a *Striscia* da ventotto anni e, fra i vari partner avuti, con «bau bau micio micio» Iacchetti c'è un feeling particolare. Una simpatia nata subito, fin dal nostro primo incontro al *Costanzo Show*. Enzo mi incuriosiva perché anche nelle pause della registrazione continuava a dare del lei a Maurizio Costanzo con la sua solita mielosa riverenza, che gli veniva ricambiata con divertenti maltrattamenti verbali. Parlai di Iacchetti a Ricci, che fu ben lieto della mia disponibilità ad averlo come partner. Infatti il guru di Alassio, oltre ad averci fatto un pensierino come conduttore da sistemare al mio fianco, era martellato da un fantomatico parente di Enzo, credo un barbiere, che vivendo nella stessa zona di Ricci non faceva che raccomandarglielo caldamente. Anzi, credo gli avesse anche regalato due flaconcini antiforfora, una mantellina in plastica utile per quando ci si taglia i capelli e un pettine da viaggio in simil tartaruga.

Stavo girando un film a Roma con Enrico Oldoini, e approfittai di un po' di tempo libero per incontrare Iacchetti a colazione al ristorante Matriciano. Ormai era ufficiale la sua candidatura a condurre *Striscia* con me. Vista la bella giornata estiva mangiammo all'aperto.

Cominciammo subito a familiarizzare scherzando su tutto e tutti, come capita di solito fra comici, cabarettisti, insomma gente che campa sulla risata. Mentre mi riempiva di domande sulla trasmissione e mi raccontava le sue ansie, però, via via Enzo diventava sempre più distratto.

Si guardava intorno circospetto, scrutava i camerieri, tastava il tavolo, alzava i bicchieri e i piatti, faceva domande sibilline ad Alberto, il titolare del Matriciano.

Dapprima pensai che soffrisse di qualche fobia da lago, essendo lui di Luino, nebbioso territorio che non genera persone troppo normali avendo dato i natali anche a gente come Boldi, Pozzetto e Francesco Salvi. Quando Iacchetti però cominciò a smuovere i cespugli della siepe che ci separava dalla strada, poi a scrutare i cornicioni delle case circostanti, e a irrigidirsi quando qualche furgone rallentava o parcheggiava nei pressi del ristorante, non potei frenare la mia curiosità.

«Enzo, ti senti bene? Non hai digerito l'abbacchio a scottadito come antipasto? Devi dei soldi a Costanzo e hai paura che ti cucchi al ristorante mentre tu gli hai detto che non glieli puoi dare e non hai neanche i soldi per un toast?»

«No» mi disse con quel suo sguardo da bracco a cui è scappato un fagiano già impallinato «ho paura che sia tutto uno scherzo. Che non sia vera la storia di *Striscia* e fra un po' saltino fuori le telecamere di *Scherzi a parte*».

In quel momento arrivò il conto. Che pagai io.

«Hai pagato tu? È la prima volta che uno del nostro mestiere mi paga la colazione. Non deve essere uno scherzo, mi sa che allora faccio *Striscia* per davvero...»

Quel giorno non ci furono le telecamere di *Scherzi a parte*, al massimo metaforicamente quelle di *Scene da un matrimonio*. Non consumato. E da quasi trent'anni, fra me e lui ne succedono di tutti i colori.

Tra me ed Enzino Iacchetti c'è infatti una sorta di complicità che va ben oltre l'essere colleghi e anchormen di una trasmissione ormai diventata mitica e gloriosa. Io ed Enzino ci vogliamo bene, abbiamo un forte legame, un'amicizia che ci permette di scherzare su tutto e tutti. Anche su di noi. Così, ogni tanto possiamo essere colti, in studio, da scoppi di risate incontrollabili.

Ad esempio, qualche anno fa, mentre registravamo le puntate natalizie, al rientro di un filmato in cui avevamo mostrato un'invenzione scarsa di un inventore che aveva appreso il mestiere per corrispondenza, Iacchetti commentò: «Certo che per inventare queste cose ci vuole una bella testa...». Quella frase era un invito a una facile scurrilità, stavamo registrando quindi potevo permettermi un eccesso e risposi: «Eh sì, una bella testa di c...». Iacchetti, forse pensando di essere in diretta, esplose.

Cominciò a ridere fino alle lacrime e fu difficile riportarlo a uno stato di normalità per tentare di ripartire con la registrazione.

Secondo ciak. Stessa solfa: Enzino cominciò a ridere già mentre diceva: «Certo che per inventare queste cose ci vuole una bella testa...», perché si aspettava la mia conseguente risposta. Terzo ciak. Enzino, per aggirare l'ostacolo, con la risata pronta in tasca, anziché dire la frase prevista in copione tagliò corto con un: «Be', complimenti a questo inventore». Poi mi guardò come per dire: «È fatta, non gli ho preparato la battuta».

Io però mi agganciai e aggiunsi: «Ha ragione, per inventare delle cose così però ci vuole una bella testa, eh? Che testa si deve avere?». Poi guardai nella sua direzione ma non c'era. Si era già alzato in preda alle convulsioni da risate.

«Ma basta...» sbottò Enzino. «Saltiamo 'sta notizia o quello lì ne inventa una ogni secondo... ma dài, piantala...», e giù a ridere.

Quarto ciak. Enzino, ormai vulnerabile, in preda a una ridarola irrefrenabile, mi strappò l'impegno di non proferire verbo al suo commento su quel povero inventore. E così feci. All'uscita del filmato fece il suo commento, cioè una sorta di complimento all'inventore per aver proposto quella sua invenzione. Si vedeva benissimo che non credeva a quello che diceva, le sue parole uscivano a singhiozzo nel tentativo di soffocare la risata che premeva, ma arrivò in fondo alla frase.

Io non aggiunsi verbo. Logicamente gli lanciai un'occhiata morsicandomi le labbra e con gli occhi che ridevano per conto loro.

«Ma vaff...» sbottò Enzino, «ma non puoi guardarmi così!»

«Ma non ho detto nulla» mi difesi.

Ricominciò a ridere indicandomi: «Non ha detto niente... ma guarda che faccia, ti si legge in faccia che vuoi dire che quello è un testa di c...».

Passammo più di un'ora di tentativi prima di riuscire a registrare un ciak accettabile, ma quello non fu nulla in confronto a ciò che accadde, quasi ogni anno a più riprese, per colpa di un quadro realizzato a punto croce da una gentile telespettatrice, la signora Giusy di Moglio, in provincia di Savona.

Il quadretto della signora Giusy

Nel periodo natalizio ci arrivano negli studi di *Striscia la notizia* regali di tutti i generi, dal vino ai panettoni, dai capi d'abbigliamento alle stelle di Natale, tonnellate di lettere, cartoline d'auguri, messaggi sui social. Fra i tanti regali dei fan, però, alcuni sono quantomeno insoliti e originali e hanno un valore affettivo per chi li invia: disegni, poesie e a volte anche quadri. Fu questo il caso della signora Giusy di Moglio, in provincia di Savona, che cucì per noi un quadretto credo a punto croce in cui si rappresentavano lo studio e i protagonisti di *Striscia*: io, Enzino, Antonio, il Gabibbo, le veline. Un oggetto semplice ma che dimostrava grande affetto per il nostro gruppo.

Come al solito, in quel periodo registravamo le puntate natalizie in modo da poter fare qualche giorno di vacanza. Accadde così che, a insaputa di Enzino, ma senza aver premeditato nulla, durante una delle puntate mostrai il quadro in trasmissione aggiungendo un pizzico di enfasi che fosse, da un lato, un piccolo riconoscimento alle ore e ore di lavoro di quella signora e, dall'altro, una benevola presa in giro a un oggetto che non si poteva non dire kitsch.

«E un grazie va alla signora Giusy di Moglio» dissi mostrando il quadretto alla telecamera «che ci ha voluto donare questo prezioso quadro cucito interamente a mano. Un'opera unica, realizzata con sacrificio dedicando ore e ore della sua vita. Ma guardate gli inconfondibili volti dei protagonisti, la bellezza delle veline, la sinuosità del Gabibbo. Grazie, signora, per quest'opera d'arte che porteremo tutti nel cuore. Grazie».

Enzino cercò di iniziare a leggere la notizia successiva ma si fermò all'improvviso, rideva ripensando al quadro che avevo sapientemente lasciato in bell'evidenza sulla scrivania.

«Ma dài, rifacciamo... Ma anche tu cosa vai a dire... prezioso quadro realizzato interamente a mano... gli inconfondibili volti dei protagonisti, la bellezza delle veline? Ma dove, siamo tutti uguali... ma dài. Se proprio lo devi far vedere, di' grazie a quella signora lì e basta, senza tanti salamelecchi.»

«Va bene» dissi «giriamola di nuovo, faccio un ringraziamento più soft».

Ciak numero due. Rimostrai l'opera, dissi più o meno le stesse cose senza enfatizzare ma nel finale presi il quadro fra le mani, lo mostrai bene alla telecamera e conclusi con una serie di «Grazie... grazie... ancora grazie di cuore», con l'aria di chi ha appena ricevuto il premio Oscar o il Nobel per la Pace.

E riecco Enzino esplodere tra una risata e un reclamo.

«Ma piantala... grazie, grazie di cuore. Ma dài... per 'sto quadro di m... ma piantala.» E giù a ridere. «... ma fai vedere 'sta roba dicendo: una signora ci ha mandato questo pensiero, grazie e buon Natale senza tante storie, dài.»

Terzo ciak.

«Una signora, la signora Giusy di Moglio, in provincia di Savona, ci ha inviato questo quadro che rappresenta *Striscia la notizia*. Grazie e auguri» dissi fingendo di aver finito. Poi a tradimento aggiunsi: «È bellissimo e il signor Enzino lo appenderà nel suo camerino».

Enzino, ridendo a crepapelle, se ne andò indignato, seguito dalle camere fino all'uscita dallo studio.

Quarto ciak. Enzino era rientrato. Avevo promesso di non parlare del quadro nel suo camerino, né di usare toni enfatici, ma di dire un solo grazie dopo la solita descrizione. Mi sentivo puntati sulla faccia gli occhi di Iacchetti, pronto a lasciare di nuovo lo studio in caso di un mio qualsiasi commento buffo.

Se da un lato volevo concludere quella tiritera, dall'altro però ero tentato di inventare un'altra cosa che sorprendesse il mio compare. E così...

«La signora Giusy di Moglio, in provincia di Savona, ci ha inviato questo quadro che rappresenta *Striscia la notizia*. Grazie e auguri.» Terminai facendo una mossetta con il quadro che avevo in mano e la accompagnai con un'espressione come per dire: «Complimenti, signora, è bellissimo».

Vi risparmio la reazione di Iacchetti. Lo studio intero oramai era ingovernabile, le risate avevano preso il sopravvento, era praticamente impossibile registrare. Seguirono vari ciak finché una versione accettabile andò in onda su *Striscia*, mentre tutte le altre, come al solito, alimentarono una puntata intera di *Paperissima*.

Da Maria De Filippi, nell'ottobre successivo, incontrammo la signora Giusy, una personcina che sembrava uscita dalle pagine di un libro di Edmondo De Amicis. L'incontro fu epico e il nostro exploit contribuì a far vincere la serata degli ascolti a Maria.

La signora Giusy, con grande senso dell'umorismo, ci promise di continuare imperterrita a mandarci centrini ricamati a mano, fintanto che avrebbe visto in onda me ed Enzino. Così una sera in onda dichiarai: «Spero che presto qualcuno si accorga di lei e la candidi al premio Nobel per il Punto croce».

Vi risparmio i commenti di Iacchetti.

Celentano e i suoi scherzi

Ci fu un periodo nel quale, non appena finivo *Striscia*, appena salivo in auto mi arrivava la telefonata di un fan pugliese che mi riempiva di complimenti, e se gli chiedevo chi fosse lui aumentava i complimenti e non me lo diceva. Ma non mi incazzavo, tutt'altro, perché era talmente divertente che stavo volentieri ad ascoltarlo.

Per giorni e giorni questa storia andò avanti puntuale. Salivo in auto, squillo del cellulare, numero anonimo, chiamata del fan pugliese e giù complimenti che mi facevano ridere. Una sera però gli risposi con una stronzata talmente colossale e fuori luogo che scoppiò a ridere lui... una risata inconfondibile.

«Adriano... sei Adriano t'ho beccato». Era Celentano.

«Ma... ma come hai fatto?» mi chiese.

La sua risata è unica, esattamente come lui, e mi aveva aiutato a riconoscerlo.

Qualche anno fa andai al suo memorabile concerto all'Arena di Verona e finito lo show passai a salutarlo in hotel.

«Hai visto che... che a un certo punto sono uscito?» mi disse. «Per forza, Pasqua di Bisceglie (il suo fonico che lavorò anche con me ed Enzo in alcune fiction) ha sbagliato, mi ha caricato sul gobbo il testo da leggere di una trasmissione vecchia che... che avevo fatto in Rai anni fa!»

«Tranquillo, guarda che la gente pensa che sei uscito per lanciare un messaggio, sembrava fatto apposta. Lì farai il picco di ascolti.» Lo rassicurai.

Lui fece una pausa: «Dici? No, ma tu mi dici così perché sei un mio fan».

Il giorno dopo uscirono i risultati degli ascolti e manco a farlo apposta il picco dello show di Adriano risultò il momento in cui, senza alcun motivo, se ne era andato dal palco senza rientrare per minuti interi, mentre la telecamera inquadrava un portone chiuso.

Prima della seconda serata all'Arena, a un giornalista che gli chiedeva cosa ne pensasse dell'aver fatto il picco di ascolto quando non era in scena, Adriano rispose: «Eh niente... aveva ragione Greggio».

Lo adoro da sempre, ho tutti i suoi dischi, in uno dei primi, *24.000 baci*, un 45 giri, c'è lui in canotta seduto su una scatola di legno con su scritto «dinamite».

Molti CD me li ha mandati lui. Uno in particolare me lo ricordo.

Ricevo a *Striscia* una busta, apro e trovo l'ultimo CD di Adriano, senza cellophane perché lo aveva scartato per scrivermi una dedica sulla copertina: «Ciao Ezio, sei forte. Della coppia tua con Enzo sei il più forte», firmato Adriano.

Conoscendo quanto sia mattacchione quell'uomo vado in camerino da Enzo e gli chiedo: «Hai ricevuto posta per caso?».

«Sì... niente, le solite cose.»

Noto però lo sguardo sfuggente del mio socio che conosco in tutte le sue sfumature.

«Ma non ti è arrivato un CD?» lo incalzo.

«Ah, sì mi è arrivato... ma niente di partic...» cerca di sviare.

«Come niente di particolare, cazzo è l'ultimo CD di Celentano, dài fammelo vedere.»

Ed Enzino con un mezzo sorriso, conscio di essere stato sgamato: «Ma cosa vuoi vedere... c'è una dedica, tutto lì».

Vedo il CD tra fogli e lettere varie, lo prendo al volo mentre Enzo tenta di riacciuffarlo dicendo: «Ma dài non leggere, poi ti incazzi».

Apro e leggo: «Ciao Enzo, sei forte. Della coppia tua con Ezio sei il più forte», firmato Adriano.

Enzo si riprende il CD e mi dice: «... te lo avevo detto di non leggere».

Io tiro fuori il mio dalla tasca e gli faccio leggere la mia dedica. Stiamo ancora ridendo e in ogni edizione spesso cantiamo *Siamo la coppia più bella del mondo* sapendo che Adriano e Claudia ci guardano con affetto tutte le sere.

Io, Iacchetti e le sorprese

Far ridere Iacchetti mentre conduciamo *Striscia* insieme per me è fondamentale, oltre a fare grandi ascolti.

Agli inizi per esempio, usavo il metodo della sorpresa improvvisa mentre stavamo andando in onda.

Mentre Enzino era distratto a leggere una notizia o a commentare un filmato, per esempio, mi applicavo al volo un paio di baffi. Ma non li mettevo nel posto tradizionale, cioè sotto il naso, no. Che so, li schiaffavo sul mento.

Appena lui si girava mi beccava lì, che lo stavo guardando con 'sta faccia da pistola ed esplodeva in un: «Ma signor Ezio, le sono cresciuti i baffi sul mento... e adesso non mi dica che non li ha, ha i baffi sul mento». E via via negli anni ho usato barbe di ogni tipo, peli dal naso, foruncoli ciclopici, occhiali da museo degli orrori, parrucche vomitevoli. Non è la gag, la trovata in se stessa che mi importa, quanto il risultato di farlo comunque ridere. La sorpresa riesce sempre, anche quando lui mi ha sotto gli occhi, mi controlla, e pensa di cuccarmi... Anzi, così ho più soddisfazione.

Certo ci sono le varianti, altre trovate da usare per creare un argomento di conversazione per l'inizio della puntata. Un altro scherzo sicuro è quello del ritardo.

I telespettatori più assidui sanno che prima del TG5 c'è una specie di promo in diretta, cioè di anticipazioni sulla puntata che andrà in onda circa quaranta minuti dopo. Le veline sono al loro posto, Enzo pure, l'assistente di studio sta facendo il conto alla rovescia per il collegamento «... 9... 8... 7...». Iacchetti e le ragazze si guardano attorno: c'è o non c'è?

Appena l'assistente finisce il conteggio e indica la messa in onda in diretta, io sbuco nello studio e come non bastasse gli sparo un rimprovero.

«Ma signor Iacchetti, dopo anni di lavoro in studio è ancora in ritardo, ma lo sa che la stiamo aspettando da mezz'ora?» Le reazioni di Enzo mi divertono troppo: comincia a ridere, a difendersi con un «ah, io sarei in ritardo» e io logicamente a confermare al pubblico, con la complicità delle veline, che è vero, il ritardatario è lui.

Ecco, sono proprio le sue reazioni che mi danno il «la». Una sera un amico era venuto a vedere la puntata in studio e mi aveva portato in omaggio una bottiglia di grappa.

«Eh signor Ezio» mi fa lui, dandomi del lei di fronte ai miei amici, «a lei vengono a trovarla e le portano pure i regali, eh! Quelli che vengono a trovare me sono così disgraziati che sono io che gli devo regalare sempre qualcosa».

Così pensai che avrei dovuto fargli assaggiare quella grappa. Quando salì al piano superiore per doppiare i filmati della striscia serale, entrai in studio e sostituii l'acqua del suo bicchiere con un po' di grappa di barbaresco.

Siamo in diretta. Appena lui inizia a leggere una notizia lo interrompo e gli dico: «Scusi, ma cos'ha mangiato, colla? Quando parla ha tutta la bocca impastata, beva un goccetto d'acqua e rilegga la notizia, forza».

Iacchetti, senza pensarci due volte, prende il bicchiere dal tavolo e manda giù una bella sorsata. Di grappa. Non era certamente la prima volta che ne beveva, ma era la prima che la beveva pensando fosse acqua.

Dovetti leggere io la sua notizia mentre, più rosso in faccia dei capelli di Red Ronnie, sparacchiava colpi di tosse senza riuscire a fermarsi.

Anni dopo, poi, architettai il pezzo forte: lo scherzo della fidanzata dimenticata...

La morosa venuta dal nulla

Anche quell'anno era in programma la solita cena natalizia di produzione. Conduttori, veline, inviati, autori e tutti i tecnici si trovavano insieme per scambiarsi gli auguri in una serata al ristorante Biffi di Milano. A offrire la cena a tutti eravamo io ed Enzo.

Potevamo forse passare una serata normale in cui l'emozione più grande sarebbe stata la vista del panettone e dei fichi secchi? No. Parlai con Mavi, la produttrice della trasmissione, di un'idea che mi era venuta.

«Ho bisogno di un'attrice sulla quarantina, brava, una persona normale che possa piacere, per la cena di produzione...»

«Ahia, che c'hai in mente?»

«Niente, faccio rincontrare Enzo con una sua vecchia morosa che logicamente lui non riconoscerà, non essendo vero: può diventare un bel dessert.»

Detto fatto, senza raccontare niente a nessuno, Mavi mi procura un'attrice di teatro bravissima perfetta per il ruolo.

In un attimo le spiegai il meccanismo dello scherzo: a un certo punto della cena sarebbe dovuta entrare accompagnata da un'amica per chiedere gli autografi e poi... Per dare maggior credibilità a ciò che sarebbe accaduto quella sera, informai della dinamica dello scherzo Giuseppe, il proprietario del Biffi, il quale fu ben felice di collaborare.

Tra tacchini, salmoni e assaggi vari giungemmo in zona dolci.

«Ezio» disse Giuseppe «ci sono due ragazze che vorrebbero degli autografi. È un po' che aspettano, che faccio?».

«Ma figurati, falle venire» risposi.

Al tavolo oltre a me c'erano Iacchetti, Ricci, le veline Cristina Quaranta e Alessia Merz, Mavi, il capo struttura Dal Monte, Massimo Licinio, mio agente per le serate, e Claudio Pozzi, collaboratore di Enzo, anche lui preavvertito dello scherzo.

La ragazza-attrice, vestita in maniera volutamente dimessa, si avvicinò e chiese educatamente se poteva avere i nostri autografi.

Il caso volle che Iacchetti facesse una battuta del tipo «Firmano loro che sono più famose», indicando le veline. Passò infatti a loro la penna con un sorriso ironico che presupponeva, dopo l'autografo delle ragazze, che avrebbe poi firmato anche lui.

Io, con una melensaggine degna di Edmondo De Amicis, invece, firmai subito, scrivendo una frase molto romantica.

«Grazie signor Ezio di essere così disponibile» fece la ragazza-attrice guardando severamente Iacchetti «e di non essere come certa gente che dopo il successo si monta la testa e si vergogna di fare l'autografo alle vecchie conoscenze».

Il sorriso di Iacchetti, come nei cartoni animati, diventò tutto storto, diciamo come quello normale di Beruschi.

«Perché, noi due ci conosciamo?» chiese dandole un'occhiata che sembrava un colpo di radar, con annessa rapida ricerca nella memoria del disco fisso del cervello, per capire chi potesse essere quella tipa.

«Sì sì, fai pure finta di non conoscermi» replicò lei un po' seccata.

Calò un silenzio di tomba ai tavoli, tutti gli occhi erano puntati sul povero Enzo che a questo punto aveva stampata in faccia a caratteri cubitali l'amletica domanda: «Chi cazzo è questa qui?».

«Ah, così non mi riconosci? Sono passati un po' d'anni, capisco, ma dopo quello che c'è stato fra noi...»

Non riuscii a trattenermi. Io e altri commensali scoppiammo in una risata.

«Ma come Enzo» dissi «possibile che non ti ricordi, dài».

«Ma ricordi cosa? Guarda che io non so chi sia, io non l'ho mai conosciuta...»

«Enzo, tra noi c'è stata un relazione» confermò la ragazza-attrice che nel frattempo cominciava ad assumere un'aria irritata.

«Una relazione? Vorrai dire una relazione epistolare o platonica da parte tua» incalzò Iacchetti.

«Platonica, eh? Prima mi porti a letto e mi sbatti. Abbiamo anche vissuto insieme per un periodo breve ma intenso in via... (disse l'indirizzo che gentilmente Claudio, il collaboratore di Iacchetti, mi aveva fornito) e alla fine sei sparito. Adesso addirittura fai finta di non conoscermi.»

Ormai attorno al tavolo c'erano tutti, oltre alla banda di *Striscia* camerieri, cuochi e curiosi vari. A questo punto, da attrice consumata qual era, la ragazza lanciò la bordata finale: «Eh certo, uno diventa famoso e poi si dimentica delle persone che hanno sofferto con lui, vero Enzino?».

Non l'avesse mai detto. Enzo diventò un bufalo, si alzò in piedi urlando: «Cosa cavolo stai dicendo, io mi ricordo benissimo delle persone che conoscevo prima! E poi basta con questa storia, io non ti conosco punto e basta! Fatela uscire, per favore».

Giuseppe, il titolare del ristorante, prese sottobraccio la ragazza, che inutilmente calmata anche dall'amica continuava a starnazzare ad alta voce: «... sei un ingrato, dopo tutto quello che c'è stato fra noi».

Un silenzio di gelo scese nella sala. Tutti i commensali erano palesemente convinti della veridicità del fatto. Tanto più che la poverina abbandonata aveva citato addirittura un indirizzo vero, dove un tempo Iacchetti viveva, che ben pochi conoscevano. Lo stesso Enzo era turbato e pensieroso. Mentre ancora cercava di pescare qualche ricordo nella memoria, gli chiesi: «Socio, dimmi la verità, l'avevi riconosciuta ma non hai potuto fare marcia indietro, ti capisco».

«Ma no, Ezio, io questa non la conosco, te lo assicuro... non capisco però come facesse a sapere quell'indirizzo.» Pure Claudio, il suo collaboratore, contribuì ad aumentare le sue angosce chiedendogli: «Ma sei sicuro che non te la ricordi? La faccia non mi era proprio nuova...».

Ricci mi prese in disparte e mi disse a colpo sicuro: «Qui c'è la tua zampa, sono sicuro. Quella tipa l'hai fatta venire tu». Mi misi a ridere. «Belin, lo sapevo» aggiunse, e si associò alla risata.

Passarono vari giorni in cui a turno si andava nel camerino di Iacchetti tornando sull'episodio e chiedendogli se si era ricordato di qualcosa o se la fanciulla si era rifatta viva.

Circa un mese dopo, quella vecchia serpe di Ricci gli diede il colpo di grazia, approfittando del fatto che erano in corso i provini per scegliere l'attrice di una situation comedy interpretata da Enzino.

«Vieni un po' prima domani» mi disse Ricci «torna

la morosa dimenticata di Iacchetti». «E chi se la perde.»

Nello studio di *Striscia*, seduto su un divano, Enzo doveva provare un breve sketch con ciascuna delle aspiranti attrici.

Nascosta in un camerino, la solita finta morosa aspettava il suo turno.

Prevedendo il peggio, Ricci aveva inoltre predisposto una telecamera mobile pronta a coprire eventuali fughe. Fu utilissima. Per ultima entrò la finta morosa. Essendo la scena in penombra, Iacchetti non mise subito bene a fuoco la ragazza quando si sedette sul divano.

Poi, appena la vide, si ricordò immediatamente di averla già vista da qualche parte.

E non ebbe più dubbi quando l'attrice disse: «Spero che questa volta ti ricorderai di me, o vuoi negarmi anche la possibilità di lavorare con te?».

In silenzio, ma senza perdere tempo, Iacchetti si alzò e a piè veloce uscì dallo studio, inseguito dalla telecamera e dalla finta morosa che gli urlava dietro: «Vieni qua... non mi puoi trattare così!».

Io intonai al volo con alcuni tecnici: «Viva gli sposi... fra moglie e marito non mettere il dito... l'amore non è bello se non è friccicarello».

Enzo si barricò nel camerino mentre la finta morosa bussava e urlava: «Apri amore... apri, ti prego».

Quando Ricci ebbe abbastanza materiale per farci

un pezzo per *Paperissima* e per la stessa *Striscia*, uscì dalla regia ridendo con le lacrime agli occhi.

«Enzo esci, era tutto uno scherzo.»

Non so per quale motivo Iacchetti, subito dopo esser uscito dal camerino, cercò me.

Ma io purtroppo me ne ero già andato...

Drive In: successo epocale e scherzi kolossal

Nell'autunno del 1983 prese il via su Italia Uno *Drive In*, uno show che avrebbe cambiato radicalmente lo stile del varietà in Tv.

Antonio Ricci, Giancarlo Nicotra, regista della prima serie, e io convincemmo Berlusconi a produrre lo show con uno stratagemma. Durante un meeting presso i suoi uffici di Milano in via Rovani gli mostrammo qualche sketch che avevamo registrato alla Dear di Roma spacciando lo show per una specie di... *Domenica In*.

Grazie all'assonanza e al tradizionalismo evocato dalla trasmissione di Rai Uno il colpo andò a segno. Ma *Drive In* si rivelò ben presto quanto di più lontano ci potesse essere da quel tipo di intrattenimento tradizionale. E Berlusconi se ne accorse logicamente quando andammo da lui a mostrargli la prima puntata: «Non è di sicuro *Domenica In*...» commentò «... ma è curioso e mi piace, si va avanti, facciamone una serie». Nato come una produzione di una decina di puntate su Italia Uno, durò cinque anni. Fu un successo irripetibile.

Drive In fu il trampolino per tanti comici e cabarettisti e alcuni, per colpa mia, di D'Angelo e Ricci, dal trampolino caddero per via dei nostri scherzi.

Il *Drive In* infatti era un covo di creduloni. Mi ricordo quando fingemmo di incidere un LP a favore delle popolazioni dell'Africa. Tutti erano invitati a incidere un brano meno Carlo Pistarino... Oppure quando rovinammo un'avventura galante di un nostro collega... O un'altra volta quando Enzo Braschi il «paninaro», convinto di dovermi stare vicino in un momento difficile, mi accompagnò a uno spettacolo dimenticando che nella stessa sera ne aveva uno pure lui. O gli scherzi a Beruschi per via della sua fobia degli animali. Ma andiamo per ordine.

Enrico Beruschi e le odiate bestie

Enrico Beruschi è una bravissima persona, uno perbene al quale sono tutt'ora molto affezionato. Proprio quella sua gentilezza, l'altruismo e la carineria innata fecero di lui – per affetto, sia chiaro – una delle nostre vittime preferite. Eravamo motivati fra le altre cose da alcune sue paure, quale per esempio quella per gli animali. Soprattutto i cani. Anche di fronte a un chihuahua, Enrico scappava a gambe levate, o si arrampicava sui mobili urlando come un dannato.

Un giorno pensammo bene di aiutarlo a superare questa sua paura attraverso un incontro ravvicinato dell'ultimo tipo: il bastardino.

Era il secondo anno della trasmissione, si registrava presso gli studi del CTC di viale Legioni Romane di Milano, un palazzo dall'aria ministeriale che ospitava fra l'altro scuole sperimentali di cinema e Tv. Gli studi erano sepolti un paio di piani sotto il livello terreno, in compenso i camerini di noi protagonisti erano ubicati in mansarda, in quanto essendo molto ampi erano più confortevoli.

Con Ricci mettemmo a punto il piano: catturammo (si fa per dire) un cane bastardino simpaticissimo che viveva nel cortile degli studi accudito dal custode e lo nascondemmo dentro la doccia del camerino di Beruschi. Fu sufficiente coccolarlo più del solito per convincerlo a darci una zampa nello scherzo. Dopo aver lasciato la chiave all'esterno della porta, ci nascondemmo nel camerino di fronte in attesa dell'arrivo di Enrico. Che non tardò, puntualissimo come sempre.

Appena entrato, fu un gioco da ragazzi: chiudemmo la porta a chiave dietro alle sue spalle e iniziammo a martellarla di pugni. Il bastardino, richiamato da quel fracasso, saltò fuori dalla doccia abbaiando come un forsennato. Beruschi cominciò a scappare per la stanza urlando «aiuto» a più non posso.

Non potendo uscire dalla porta da noi rigorosamente sprangata si rifugiò infine dentro un armadio a muro. Il solito Nando, fedele segretario di Enrico, ebbe l'ingrato compito di riesumare lo sventurato dopo l'avventura.

Una cosa è certa: il bastardino abbaiò in preda al panico non solo per il fracasso che noi facevamo alla porta ma soprattutto per essersi trovato di fronte Beruschi.

Enrico, in quelle occasioni in cui la strizza prendeva il sopravvento per alcuni minuti, si ritrovava non più con la bocca storta, ma perfetta come dopo un intervento di Pitanguy.

Da allora i cani che coinvolgemmo in scenette con lui furono molti. Memorabile la faccia di Enrico che si stropicciava tutta quando leggendo un copione scopriva di avere un cane per partner. Una sera al ristorante milanese Da Armando, in via Marghera, durante una cena di produzione, cioè con parte del cast che mangiava e il produttore Osvaldo Dal Monte che pagava, scoprii che Enzo, il proprietario, teneva nel suo appartamento al piano superiore un alano.

Salii subito per vederlo e per capire se facesse al caso nostro: non era un cane, molto di più, un bestione nero, gli occhi rossi, insomma sembrava un toro, giusto senza le corna.

Beruschi, ignaro, stava consumando allegramente la sua cena, distratto abilmente da quel tira pacchi di Ricci. Approfittando della mole di Enzo, il ristoratore, portai l'alano alle spalle di Enrico, che da seduto aveva giusto il muso della belva dietro il coppino.

Gli dissi: «Enrico, fai un autografo per cortesia a questo bambino».

Beruschi si voltò con carta e penna in mano immaginando di trovarsi di fronte il viso angelico di un fanciullo.

«Con piacere... aaahhhh!» urlò trovandosi a incrociare lo sguardo e l'alito non certo profumato dell'alano a non più di cinque centimetri.

Zompò sul tavolo e improvvisò, suo malgrado, una specie di flamenco con tanto di piatti e bicchieri che volavano finché non venne allontanato il cane.

Del resto, nei ristoranti, il matrimonio fra Beruschi e i cani era una costante.

Al Corte Regina di via Padova una sera d'inverno ci trovammo a cena io, Ricci, Beruschi e altri colleghi, fra cui Francesco Salvi.

La cena prese subito un andazzo divertente in quanto oltre a noi c'erano alcuni commensali stranieri, francesi credo. Che quindi non ci conoscevano minimamente.

Cominciammo a farci notare mangiando il minestrone col risucchio cadenzato, poi alternato. I turisti ci guardavano allibiti.

All'assaggio del vino feci un numero classico: il cameriere versò a me un goccio di vino per farmelo assaggiare. Ne bevvi un sorso, posai il bicchiere e portai le mani alla gola e poi cominciai a emettere dei lamenti gutturali come se avessi bevuto acido muriatico, mi alzai in piedi e vagando per il ristorante continuai nella performance.

Tornato verso il mio tavolo, appena giunto accanto al cameriere, esclamai: «Eccellente». Sedetti come se nulla fosse e la conversazione ricominciò in tutta tranquillità. I turisti francesi si chiesero dove fossero capitati.

Fu durante un momento di pausa che udimmo chiaramente l'abbaiare non lontano di un cane. Una rapida consultazione sottovoce e poi Francesco Salvi si assentò.

Dopo pochi attimi il cane si fece risentire con due mezze abbaiate.

Salvi rientrò e ci fece capire con un cenno che tutto era andato per il meglio.

All'uscita dal ristorante ciascuno di noi recuperò il proprio cappotto, tutti tranne Beruschi.

«Dov'è il mio cappotto...» disse con la sua solita voce a nenia «dove lo avete nascosto? Per favore, è nuovo, è di cachemire».

«Lo avrà preso qualche cliente per sbaglio» tentò di addurre qualcuno di noi.

Nel frattempo guadagnammo il cortile, tutti incappottati meno Enrico che uscito per ultimo dopo aver rovistato nei bagni, in cucina e fra i rifiuti venne attratto da una strana figura che vagava in un recinto attiguo. Si avvicinò meglio e vide un pastore tedesco scodinzolare con addosso il suo cappotto di cachemire nuovo.

«Ma nooo» esclamò fra il disperato e l'incredulo.

Se Beruschi crede nella reincarnazione sicuramente sa che in un'altra vita non è stato San Francesco. Non solo per il suo difficile rapporto con gli animali, ma anche perché questi, pur senza il nostro intervento provocatore di scherzi, attuano nei suoi confronti una sorta di persecuzione. Indimenticabile fu quando venne ricoverato d'urgenza al pronto soccorso per colpa di una puntura di vespa. Fin qui sembrerebbe tutto piuttosto normale, un piccolo incidente che può accadere a chiunque.

Non nel caso di Beruschi in quanto:

a) eravamo in pieno inverno a Milano con temperature esterne sotto lo zero e quella era certamente l'unica vespa sopravvissuta in tutta la Lombardia;
b) eravamo nel suo camerino al sesto piano degli studi del CTC, una finestra era leggermente aperta... c'era uno spazio per il passaggio dell'aria di un centimetro massimo due.
c) la vespa si era rintanata nella sua scarpa da ginnastica.

Immaginatevi la scena: Beruschi rientra nel suo camerino dopo la registrazione, si spoglia degli abiti di scena, si riveste e infila la scarpa dove la vespa, sentendosi compressa, lo punge sull'alluce.

Credo che, dopo *Drive In*, in quel camerino non siano più risuonate urla così disumane come quelle di Enrico Beruschi dopo gli incontri ravvicinati con cani e vespe.

Il fonico e lo scherzo del microfono rotto

Esattamente come oggi a *Striscia la notizia*, fra cast e tecnici a *Drive In* c'era un clima di grande collaborazione e complicità, c'era il piacere di lavorare insieme per realizzare qualcosa che inorgogliva tutti, dalle star all'attrezzista, dalla comparsa alla Maria che ci portava i caffè dal bar a fianco.

E anche lì, per tenere sempre su lo spirito e l'allegria, non si perdeva occasione per far scherzi. Avevo preso di mira un tecnico del suono, Planca, grande professionista molto meticoloso che proveniva da anni di lavoro in Rai, sempre attento che non ci fosse il benché minimo fruscio proveniente da un microfono durante una registrazione.

Questo suo scrupolo tecnico aveva invogliato da subito vecchie canaglie come me e D'Angelo. Altissimo, magro, il viso scavato, due grandi orecchie forse diventate ancora più grandi dopo avermi incontrato. Con lui si scherzava spesso, per cui Planca sapeva che se eravamo in scena o nei dintorni doveva stare all'erta. Per esempio, un classico mio era, nel bel mezzo di una registrazione mentre stavo recitando, smettere apposta di parlare continuando però a muovere la bocca: Planca dalla sua regia audio impazziva. Cominciava a tirare moccoli, apriva e chiudeva nervosamente i rubinetti dell'audio. Finché decidevo poi di riparlare e tutto tornava normale, o quasi. Ripetevo lo scherzo poco dopo.

Ora, Planca sapeva che c'era la possibilità che io simulassi il guasto, ma lo avevo fatto così tante volte che quella poteva essere vera; e poi la mia faccia seria e la voce di Recchia dalla regia che lo implorava di far andare quei maledetti microfoni contribuivano ad aumentargli i dubbi.

Beppe Recchia, su di lui vale la pena di spendere due parole. Non c'è nulla di più stimolante per fare degli scherzi in uno studio televisivo che avere dalla tua una persona autorevole come il regista che con una faccia come il culo collabora, anzi stimola, avalla, alimenta gli scherzi. Recchia in questo aveva la faccia come il culo di un elefante. Quel suo redarguire il povero Planca al momento giusto rendeva tutto credibile, non poteva essere il solito scherzo, doveva per forza esserci qualcosa che non andava.

Planca poi, dalla sua regia audio, non vedeva gli attori in studio direttamente ma solo attraverso i monitor e quindi le immagini televisive. Recchia scendeva in studio, e con la sua «erre» moscia che a confronto Fausto Bertinotti è un doppiatore di cinema, mi avvertiva: «Guavda che Planca è in cuffia in vegia audio», aveva cioè un bel paio di cuffie audio calzate in testa. Mi era sufficiente far scendere il microfono della giraffa, cioè quella alta e lunga asta che lo reggeva, non visto dalle telecamere e quindi da Planca, per poi cacciargli dentro uno strillo da Tarzan mascherato da starnuto... In regia audio Planca saltava dalla sua sedia strappandosi le cuffie. Seguivano le mie scuse: «Scusate, raffreddore».

Un altro momento da delirio era quello del doppiaggio. Ci trovavamo io, Gianfranco D'Angelo, Recchia e Ricci, di solito in orari tardi tipo mezzanotte, alla fine delle registrazioni, per aggiungere le nostre voci fuori campo su alcuni filmati.

La scena si svolgeva in tre ambienti: la regia audio dove lavorava Planca, la piccola saletta dove noi doppiavamo, che non era in vista della regia audio neppure attraverso un monitor, il corridoio di una decina di metri che separava le due stanze.

Ogni volta per Planca era un dramma. Sapeva che stavamo escogitando qualcosa, ma la nostra compattezza, il fatto che alternavamo lo scherzo a momenti di grande serietà professionale e che in entrambi i casi eravamo irreprensibili, rendevano quei momenti un'autentica sfida.

Tutto pronto, le prove microfono erano perfette. Recchia faceva partire dall'ampex il filmato da doppiare, io iniziavo a parlare e dopo qualche attimo di apparente perfezione uno strano fruscio obbligava a interrompere.

«Che per caso hai toccato il microfono?» chiedeva Planca.

«No, assolutamente no, perché?» rispondevo.

«Niente c'era un fruscio, scusa Beppe, dobbiamo rifare.»

E Recchia: «Peccato, stava venendo così bene, pev favove cevcate di fave attenzione, è tavdissimo».

Si ripartiva, stessa musica, e dopo un po', mentre leggevo il testo, grattavo con l'unghia il microfono. Planca interrompeva riscusandosi con il regista, attraversava il corridoio, entrava nella saletta, controllava il microfono, tornava alla sua regia audio.

Da lì in poi era un continuo andirivieni, con me e D'Angelo ogni volta a inventare un nuovo difetto. Prima parlavamo con la bocca troppo attaccata al microfono e Planca: «Siete troppo vicino al mike, dovete allontanarvi un po'».

Allora aprivamo la porta e doppiavamo parlando da lontano, dal corridoio.

«È troppo lontana, ma da dove parlate?», e usciva di corsa per vedere dove stavamo.

Io e D'Angelo ovviamente eravamo già rientrati e stavamo chiusi nella saletta di doppiaggio, alla giusta distanza con la faccia di chi non vede l'ora di finire il lavoro.

«Da dove parlavano?» chiedeva Planca a Ricci, che nel corridoio faceva finta di controllare un copione e gli rispondeva distrattamente:

«Da lì dentro Planca, belin, da dove vuoi che parlassero, dal corridoio?».

Sopraggiungeva dall'ampex Recchia che fingeva un'incazzatura: «Povca tvoia, Planca, ma che cazzo succede ancova, sono due ove, dico due ove che cevchiamo di doppiave 'sto pezzetto, se c'hai un impianto di mevda dillo e andiamo tutti a dovmive».

E qui succedeva il finimondo, guai a toccare gli impianti, Planca li difendeva come dei figli. «Ma no, Beppe, un momento, forse ci deve essere un'impedenza. Ma è strano perché vanno sempre bene...» Poi guardava verso me e Gianfranco.

«Non so perché ci sono problemi solo quando doppiano loro» sbottava.

Si faceva l'alba. Con gli occhi arrossati non dalla stanchezza ma dalle lacrime provocate dalle risate soffocate, salutavamo Planca davanti ai cancelli dello studio alle 6 del mattino. «Ciao Planca, ci vediamo domani.»

Poi, con il sole che si rifletteva sulla sua pelata, gli rivolgevo un'ultima domanda biascicando a bassa voce qualcosa di incomprensibile, mentre lui era già qualche passo più avanti di noi: «Planca, scusa ma prima... Svss... rasc... marter... quassh..»

«Ezio, scusa, non ho sentito» mi rispondeva.

«Non ha sentito...» ripetevo a Recchia allargando le braccia con aria rassegnata.

Ce ne andavamo con un gesto come per dire: lasciamo perdere.

Drive In for Africa

Era il periodo della solidarietà verso i Paesi africani, quando Sting e compagni incidevano *We Are the World*. E una sera a cena nacque l'idea di uno scherzo la cui vittima sarebbe stato il buon Carlo Pistarino.

Ex tranviere genovese approdato con successo al *Drive In*, Pistarino viveva in quel periodo una specie di complesso di inferiorità, forse anche perché non abitava stabilmente a Milano, ma ci veniva solo il giorno della registrazione. Se a una festa erano invitati il sottoscritto, Beruschi, D'Angelo e magari anche i Trettré (il simpatico trio comico napoletano), Pistarino andava da Dal Monte, il produttore dello show, e si imbufaliva: «Belin, Osvaldo, qui c'è qualcuno che mi vuole male. Invitano tutti tranne me. Dimmelo, do fastidio a qualcuno?». Non si dava pace, soprattutto quando veniva a scoprire della sua esclusione da terze persone, magari in una posizione «inferiore» alla sua, che però erano state invitate.

Morale, proprio conoscendo bene il suo carattere, a

noi nacque l'idea di *Drive In for Africa*, un disco inciso (per finta) da tutti i personaggi del fortunato show televisivo, anche quelli minori.

Un mattino Pistarino arriva da Genova, entra negli studi e vede affisso sulla parete un gigantesco cartello intitolato «*Drive In for Africa*: piano delle incisioni». Con precisione degna di un vero piano di produzione, sul cartellone erano indicati i nomi dei personaggi, il titolo della canzone, il giorno, l'ora e il luogo della registrazione. Come in preda a un presentimento, Pistarino cominciò a scorrere i nomi degli interpreti: D'Angelo cantava *Has Has Fidanken*, io *Ma lo sa che è un bel... volpino*, Beruschi *L'inno del ragioniere*, Gaspare e Zuzzurro *C'e l'ho qui la brioche*, i Trettré *Quassicosa a esposizione*. E in fondo all'elenco c'era persino la cagnetta Has Fidanken con *Bau Bau*, Di Carlo Pistarino neanche l'ombra. Ricordo bene la sua faccia desolata perché passai nei pressi proprio in quel momento, e per rendere ancora più credibile la situazione canticchiavo: «... ma lo sa... ma lo sa... che è un bel volpinoooo» su un'aria musicale inventata lì per li. Lo salutai di sfuggita ed entrai in un ufficio. Pistarino, urlando e imprecando, si precipitò dal solito Dal Monte, il quale era già d'accordo con noi e sbolognò il problema altrove. «Ha fatto tutto "Tv Sorrisi e Canzoni", noi non c'entriamo nulla. Parla con Rosanna Mani.»

Pistarino verde dalla rabbia esce dall'ufficio e incontra i Trettré che casualmente nella saletta attigua stavano provando il loro pezzo. In realtà era una canzone tratta dal loro repertorio, così divertente e così ben eseguita da fugare ogni minimo sospetto nel malcapitato sulla possibilità che si trattasse di uno scherzo.

Con un colpo da serpe si aggiunse anche Ricci, che disse a Pistarino: «Credimi, è Rosanna Mani di "Sorrisi e Canzoni" che organizza tutto. Ma stai attento perché se la chiami, lei farà finta di non saperne nulla, cadrà dalle nuvole. Non ci cascare, trattala male, è l'unico modo per farle intendere le tue ragioni e farti reintegrare nel gruppo».

Rosanna Mani ovviamente di questo disco non ne sapeva veramente nulla, e cascò malamente dalle nuvole quando fu raggiunta dalla telefonata di un Pistarino collerico, che memore dei suggerimenti di Ricci la trattò pure malissimo e a suon di insulti.

Si avvicinava intanto il momento della registrazione della puntata settimanale di *Drive In*, ma Pistarino andò dal regista Beppe Recchia per comunicargli che non avrebbe registrato e se ne sarebbe andato a casa, offeso, ferito, umiliato per il trattamento ricevuto.

Le trattative fra Recchia e Pistarino furono febbrili.

«L'importante è la trasmissione, hai successo, guadagni. Credimi: queste sono cose marginali, sii superiore, pensa al pubblico di milioni di persone che aspetta il tuo monologo.» Alla fine il regista lo convinse. Tuttavia mancava ancora una bordata.

«È un peccato che non vieni a Londra» lasciai cadere davanti al camerino.

«Londra? A fare che?»

«Ma come, non te l'hanno detto? Che stronzi...» feci io «quelli della casa discografica hanno organizzato una mini-crociera. Si va a Londra, e visto che l'incasso del disco va alle popolazioni africane saremo ricevuti dalla Regina Elisabetta per ottenere una benemerenza. Poi, durante il ritorno in nave, ci esibiremo per un gruppo di benefattori che a loro volta faranno delle donazioni».

Non l'avessi mai detto. Il pensiero che avrebbe mancato la Regina Elisabetta gli fece perdere definitivamente le staffe. Tutti avrebbero fatto le foto con i reali fuorché lui.

Tornò da Beppe Recchia per dirgli che se ne andava, era troppo ciò che stava subendo.

«Non fare così, ma che ti frega della Regina, mica sei monarchico» sbottò quella vecchia sòla di Recchia riaprendo le trattative. Nulla da fare, ma nella discussione guadagnò altri dieci minuti preziosi, il tempo di un blitz: io, D'Angelo e Ricci entrammo in camerino, prendemmo le chiavi della sua auto nuova di pacca, la portammo fuori dal parcheggio interno degli studi, nascondendola in un garage attiguo. Rientrammo, e gli rimettemmo le chiavi nella tasca del vestito. Pistarino tornò in camerino, imprecando col mondo, si cambiò in fretta e furia, uscì ma nel parcheggio la sua auto era sparita.

Lasciò cadere a terra la ventiquattrore: per un momento leggemmo sul suo volto che quando faceva il tranviere la sua vita era molto, molto meno travagliata.

Il collega e il travestito

Pistarino comunque non era nuovo a scherzi di gruppo. E non solo lui. Era naturale, quasi automatico, quando si era in gruppo, che fioccassero gli scherzi o, come si dice in gergo, i «pacchi». Vigeva sempre un clima di terrorismo, a metà fra la goliardia e l'irrefrenabile necessità di divertirsi. Per esempio una volta – era l'ultimo anno di *Drive In* – in una serata con altri comici io e D'Angelo intuimmo che un collega (chiamiamolo Tizio), assente a quella manifestazione, aveva una storia non ufficiale con una ragazza la quale partecipava alla nostra trasmissione (permettetemi per una volta di non far nomi, tantomeno cognomi).

Ci trovavamo a fare uno spettacolo in una località della Costa Smeralda e questa bella ragazza e altre sue colleghe erano presenti. Ci posizionammo non lontano da lei, fingendo di conversare per i fatti nostri, certi però che ci potesse sentire.

«Hai sentito di Tizio» fece D'Angelo «gli è successo un problema pazzesco».

La ragazza sentendo nominare il suo amor segreto, si mise a origliare con nonchalance.

«Che gli è successo?»

«Sai che lui ha il vizio di andare con le prostitute...»

«Come no» feci io assumendo l'atteggiamento di chi era a conoscenza di quel pettegolezzo «è sempre stato il suo hobby».

La ragazza sgranò gli occhi.

«Perché, che gli è successo?» chiesi a D'Angelo.

«Niente, una sera vede in un viale una sventolona di un metro e novanta, leggermente di colore, sai quella pelle caraibica...»

«Insomma una bella zoccolona.»

«Ecco, una zoccolona» sorrise D'Angelo «la carica in auto, pattuisce una cifra e se la porta a casa».

Nel frattempo la ragazza fingendo di conversare con una sua collega continuava ad allungare l'orecchio, sempre più interessata al pettegolezzo in corso. Sembrava si fosse fatta un lifting, tanto la pelle della faccia era tirata.

«Insomma, a casa che ha combinato, abiti di pelle? Fruste? Accessori da maiale pervertito?» incalzai io per arrivare al dunque.

«Peggio, molto peggio. Tizio arriva a casa, offre da bere alla zoccolona, insomma i soliti preamboli e poi questa si spoglia di spalle. C'ha un fisico da capogiro... morale la pantera color ebano si infila sensualmente sotto le coperte.»

«Sto sudando, vieni al dunque.»

«Il dunque è presto detto: quella specie di Naomi Campbell era un uomo, un bel travestitone brasiliano, con tanto di...»

«Noooo!»

«Sììì, Ernesto di Rio de Janeiro.»

La ragazza, che aveva seguito tutto il racconto con attenzione, tirò quasi un sospiro di sollievo, convinta fossimo giunti all'epilogo.

«Mannaggia la pupazza, e Tizio che ha fatto, si sarà buttato fuori dal letto come un missile.»

«Macché» fece D'Angelo «ci è andato insieme, già che era lì».

La ragazza impallidì, e non riuscì a trattenere un'espressione di sorpresa.

«Ma il disastro è successo dopo.»

«Perché, il travestito è rimasto incinta?»

«Ma che stai a dire... sempre a scherzare, è una cosa seria. Ma lo sai che Tizio si è beccato un'infiammazione pazzesca, poi una serie di parassiti difficilissimi da estirpare e un herpes che si cura solo con una specie di fiamma ossidrica sui genitali.»

La ragazza non resistette più e si buttò in mezzo a noi due. «Scusate, ma ho sentito involontariamente di Tizio che, insomma, si è beccato qualcosa... ma è infettivo, è contagioso?»

«Contagioso? Ha una serie di eritemi tropicali che si attaccano anche solo a stringergli la mano...»

«Figuriamoci a stringere qualcos'altro» feci io.

«Ma siete sicuri?» chiese la ragazza con malcelata preoccupazione.

«Certissimi, me l'ha raccontato lui e mi ha detto di

non dirlo a nessuno. Oh, logicamente qui siamo fra amici, o no?»

«Gianfranco, stai tranquillo, io non lo dico a nessuno... Scusa un attimo... Massimo» mi rivolsi poi a un nostro agente che stava passando lì vicino «ti devo dire una cosa, hai sentito che è successo a Tizio...».

La ragazza era impietrita.

«Se ti dovesse fare la corte, fai finta di niente, ma datti a gambe levate, quello ti manda all'ospedale. Anche perché continua ad andare con un sacco di persone, sta combinando un macello» concluse D'Angelo.

La ragazza con lo sguardo fisso si accomiatò dicendo che doveva fare una telefonata urgente.

Pochi giorni dopo ci dissero che la loro storia era finita brutalmente, soprattutto per lui, lasciato dopo una lite a borsettate in testa e a calci negli stinchi coi tacchi a spillo.

Braschi e lo spettacolo dimenticato

Enzo Braschi, laureato in filosofia, cabarettista, appassionato della cultura indiana ma per vicissitudini varie impiegato di basso livello all'Ansaldo, divenne una delle colonne di *Drive In* quando, in nome di un'antica amicizia, Antonio Ricci gli inventò il personaggio del «paninaro».

Braschi è una persona adorabile, si fa voler bene da

tutti, soprattutto per la sua semplicità. Ancor oggi, se gli dici una cosa incredibile con aria seriosa, lui ci crede ed è disposto a starti a sentire, ad aiutarti. Insomma, se c'è da appioppargli un difetto, ammesso che lo sia, è solo un po' credulone. Pensate 'sto poveruomo quante ne ha subite in mezzo a una banda di vecchie volpi come noi del gruppo storico del *Drive In*. E devo dire che l'allenamento ai «pacchi», agli scherzi continui, se da un lato ha contribuito a renderlo più coriaceo nella vita di tutti i giorni, dall'altro però non ne ha assolutamente indebolito la capacità di bersi qualsiasi panzana.

Lui faceva un pezzo in trasmissione in cui nominava Berlusconi? Prontamente gli creavamo un caso ad hoc dicendogli che il Cavaliere era incazzato nero con lui e lo voleva cacciare. Una volta a una convention si avvicinò a Berlusconi e si scusò per un monologo che, come gli avevamo riferito io e Ricci, lo aveva fatto andare su tutte le furie. Berlusconi, sentendo il nostro nome, capì al volo la situazione e gli disse che lo perdonava, raccomandandogli però «di non farlo mai più», proprio come un parroco dopo la confessione.

A volte rientravamo al residence di Milano, dove vivevamo in molti, e lo raggiungevamo nel suo appartamento. Alle 10.30 di sera Braschi era già in coma profondo. Per svegliarlo gli accendevamo dei cerini fra le dita dei piedi: lui si svegliava solo vari secondi dopo che si erano spenti, urlando con un ritardo che ricorda il «fuori sincrono» di certi collegamenti in Tv.

Una volta mi trovavo in Liguria per una serie di spettacoli in varie località. Ero solo, e pensai di chiamare Braschi che abitava a Genova per sentire se mi voleva accompagnare in una bella discoteca vicino a Ventimiglia.

«Mi fa piacere vederti» gli dissi «e poi ti devo parlare di un fatto gravissimo, per favore vieni che è importante».

Braschi, di fronte alla mia urgenza di avere la sua opinione, accettò. In auto mi inventai un problema esistenziale e, notando che lui soffriva per la mia guida sportiva e si attaccava a qualsiasi appiglio disponibile, rincarai la dose. Cominciai a straparlare da un lato e ad accelerare dall'altro.

Quando scese dall'auto era in un bagno di sudore. Feci il mio spettacolo, che andò benissimo, e alla fine gli dedicai un applauso del pubblico dicendo che quella sera ero accompagnato dal collega Enzo Braschi, il quale aveva bisogno di conforto. Mi guardò come per dire: «Io? Ma io non ho bisogno di niente, cosa dici?».

«Su Enzo» replicai al microfono «per tutto il viaggio mi hai raccontato dei tuoi problemi esistenziali, che certe volte la vuoi fare finita... Non devi chiuderti in te stesso: parlane, sfogati...».

«Ma no, non è vero» tentò di replicare rivolgendosi al pubblico.

«Amici, facciamo sentire a Braschi che gli siamo vicini, che gli vogliamo bene: un bell'applauso!»

A fine serata, tutte le persone che venivano da me a complimentarsi per lo spettacolo, passavano anche da lui, dicendogli: «E lei, Braschi, coraggio, cerchi di reagire, eh!».

Io avevo le lacrime agli occhi. Ma il gran finale fu quando un giovanotto si avvicinò e gli disse: «Hai fatto bene a venire qui stasera con Greggio, così ti ha risollevato il morale. Se andavi a fare il tuo spettacolo stasera in piazza a Genova, demoralizzato com'eri, chissà che disastro sarebbe stato».

«A parte che sto benissimo e che quel fetentone di Ezio si è inventato tutto, guarda che sono domani in piazza a Genova a fare lo spettacolo.»

«Lo vedi che sei un po' stonato, guarda qui il giornale: è oggi.»

Di fronte alla prova inconfutabile della pubblicità del giornale che diceva «Stasera in piazza a Genova spettacolo di cabaret con Enzo Braschi», il povero sbiancò.

La mia telefonata, il fatto che gli dovevo dire una cosa di vitale importanza, gli aveva fatto dimenticare completamente l'impegno di quella sera.

Durante il viaggio di ritorno in auto, con lo sguardo perso nell'orizzonte, ogni tanto emetteva qualche parola tipo: «Mi ammazzano, uno sgarbo così alla mia città... mi viene voglia di buttarmi dal palazzo».

«Lo vedi» feci io «e prima negavi. Meno male che hai tanti amici come me che ti sono vicini».

Il gigantesco «vaffanculo» di Braschi echeggia ancora negli anfratti rocciosi del Golfo di Ponente.

Guttalax a pioggia

Gli scherzi, si sa, non sono buonisti. Al contrario, lo scherzo di solito è cattivo, nasconde sempre una piccola dose di veleno. Ma se la dose è piccola, non solo non fa male, ma diverte.

Tutti meno il malcapitato, che spesso però ne fa tesoro per correggere i propri comportamenti. Se non lo fa è gnucco, insomma zuccone, e allora è irrecuperabile, non c'è niente da fare.

Avevamo sperimentato lo scherzo del Guttalax nei primi anni del *Drive In*. Con Ricci avevamo deciso di ravvivare una serata alla povera Margherita Fumero che interpretava la moglie del ragionier Beruschi. Margherita, attrice bravissima, che in passato aveva fra l'altro lavorato in teatro con Erminio Macario, in quel periodo ogni giorno si doveva sorbire Beruschi e le sue nenie.

I due erano inseparabili, proprio come marito e moglie veri.

Ogni sera c'era una cena al ristorante, i pettegolezzi sulla trasmissione e logicamente qualche frecciatina ai colleghi e agli autori, rei di non dare alla Fumero uno spazio adeguato. Sicuramente non andavano a letto insieme, altrimenti sarebbe dovuto intervenire l'allora ministro della Protezione civile Zamberletti, ma vivevano comunque in simbiosi. Fatto sta che una sera a cena decidemmo di mettere qualche goccia di Guttalax nell'acqua della Fumero, giusto per darle un finale di serata più elettrizzante del solito, dopo ore con quella simpatica peppia di Beruschi.

Forse esagerammo un po' la dose o forse Margherita era sensibile al prodotto: i risultati comunque non tardarono. Innanzitutto tirammo la cena per le lunghe, poi con maestria Ricci disse che doveva parlarle di lavoro e che quindi l'avremmo accompagnata a casa noi.

Il tragitto in auto fu un'opera d'arte. Per allungare i tempi del rientro di Margherita al residence romano dove abitava, e per assistere alle sue reazioni, io che guidavo diedi sfogo alla mia fantasia e mi inventai di tutto. Vedendo che cominciavano a manifestarsi gli effetti del lassativo, decisi prima di rallentare l'andatura, poi di andare a singhiozzo rischiando quindi un danno irreparabile alla tappezzeria dell'auto. L'imbarazzo di Margherita cresceva sempre più. Tuttavia Ricci le stava parlando seriamente di tutte le modifiche che voleva apportare agli sketch in cui era coprotagonista con Beruschi e lei, entusiasta delle inattese attenzioni dell'autore, pur con qualche dolore di pancia cercava disperatamente di tener duro.

Mi fermai con l'auto, aprii il cofano, e persi altro tempo.

«Ezio, cosa succede? Casomai prendo un taxi» disse a un certo punto «devo andare in hotel a fare una telefonata urgente». Una telefonata? Sapevamo bene di che razza di «telefonata» si trattasse.

Il viaggio dal ristorante al residence fu molto travagliato, con Ricci che parlava e la Fumero che diventava sempre più distratta e irrequieta.

«Mi stai ascoltando? Se non te ne frega nulla lasciamo perdere...»

E lei prontamente: «No Antonio, anzi. Solo che... vai avanti, scusa».

Quando finalmente ci fermammo davanti all'hotel tirammo fuori le ultime due invenzioni.

«Margherita, ti devo fare una rivelazione» fece Ricci bloccandola per un braccio prima che se la squagliasse «Aldo Rami è innamorato di te».

Ne nacque una colorita discussione sul fatto che un autore dei suoi sketch aveva perso la testa per lei e voleva lasciare la famiglia. Tutte palle logicamente, però intriganti per lei, se non fosse che lo stimolo stava prendendo il sopravvento, accentuando il conflitto fra la sua curiosità e le improcrastinabili esigenze intestinali. Quando ormai non ce la faceva più ringhiò un «devo andare» e fece per uscire. Impossibile, la serratura dell'auto era bloccata.

«Scusa Margherita» feci io «ma 'sta macchina è veramente un bidone. Si è bloccata la serratura. Non si può uscire».

E Ricci: «Pensa se Aldo Rami fosse qui, solo con te, cosa farebbe...».

Lei urlò come un'indemoniata. Sembrava Linda Blair ne *L'esorcista*: «Apriteeee subitoooo!».

Quando sbloccai la serratura la Fumero zompò fuori alla velocità della luce e urlando «a domani», attraversò la hall e, non avendo neppure la forza di arrivare al suo appartamento, si precipitò nel bagno vicino all'ingresso del residence. Dove, ci disse il portiere interrogato l'indomani, restò a lungo.

Ancora oggi Margherita è convinta che le avesse fatto male qualcosa al ristorante. Sì, andarci con me e Ricci.

Teomondo Scrofalo, l'ultimo impressionista

Era l'estate del 1984 e con Antonio Ricci stavamo montando uno dei pezzi storici del *Drive In* e sicuramente uno dei miei monologhi di maggior successo, l'Asta Tosta.

Antonio intuì che uno sketch in cui io avessi avuto a che fare con degli oggetti rappresentativi di personaggi popolari avrebbe costituito per lo show un nuovo e inedito punto di forza. Così in quella prima edizione sciorinammo giacche di Emilio Fede fatte con i panni verdi delle roulette, reggiseni di Carmen Russo fatti con il telone del teatro tenda del circo Orfei, richiami per le anitre come voce di Sandra Milo, una tutina da neonato come smoking di Pupo, una rete da pesca che era l'abito da sera di Cicciolina. Ma il pezzo forte era il finale costituito da «un'opera d'arte meravigliosa, uno splendido capolavoro realizzato dall'esimio maestro Teomondo Scrofalo».

Avevamo scelto un quadro supernazionalpopolare in cui un vecchietto avvinazzato con un sorriso degno del cognato della *Gioconda* stava per farsi l'ultimo sorsetto al tavolo di un'osteria. L'opera, probabilmente dipinta a inizio secolo scorso da un pittore napoletano a firma De Curtis, l'avevamo vista sia in tutti i banchetti d'arte più scarsi dei mercati paesani che in un certo tipo di ristoranti-pizzeria di provincia.

Folgorati dal vecchietto montammo su di lui tutti i finali dello sketch: il quadro era sempre lo stesso, cambiava solo la descrizione dell'opera che via via diventava un'opera impressionista, astratta, cubista, e il cui soggetto immaginario era una volta Berlusconi, un'altra Andreotti o Arrigo Sacchi immortalati in un'azione impossibile da identificare (essendo perentoriamente la solita immagine).

Teomondo Scrofalo e le sue scrofalate fecero scalpore, diventarono fra l'altro fonte di business per alcune persone. Trovai per esempio, all'uscita del metrò di piazza De Angeli a Milano, un gruppo di extracomunitari che vendevano il poster del quadro.

Mi dissero che andava forte tra gli studenti. Oggi lo vende Amazon, il business su Scrofalo continua.

Ci giunsero segnalazioni da tutt'Italia di Scrofali appesi in hotel, pensioni, trattorie, studi professionali. Un operatore del mondo dell'arte mi chiamò proponendomi di presenziare alla Fiera dell'Arte di Bologna per firmare dal vivo riproduzioni del quadro di Scrofalo in cambio di una percentuale.

Logicamente non accettai, non me la sarei sentita di profanare l'opera.

Io e Ricci sperammo invano, con quella campagna televisiva sul vecchietto, di riuscire a rintracciare l'originale, il quadro a olio dal quale erano state realizzate le copie riprodotte su compensato, ma non ricevemmo mai nessuna comunicazione.

Anche perché, sospettammo, l'opera come molti grandi capolavori italiani probabilmente era migrata all'estero magari esposta in un bagno pubblico di Londra o in una casa allegra di Amsterdam.

Continuarono infatti a giungere per posta testimonianze fotografiche, scattate da turisti italiani fans di *Drive In* della presenza del noto quadro in varie città del mondo: uno Scrofalo era esposto in bella vista all'ingresso di una pizzeria di New York e altri in varie abitazioni private degli States, dell'Argentina, della Germania.

La foto più clamorosa, che conservo tuttora gelosamente, venne scattata da un italiano in una baita in

Guatemala, dalla quale il vecchietto avvinazzato lanciava il suo contagioso sorriso da una grezza cornice andina intagliata nel legno, tipica del luogo.

Indimenticabile resta però il giorno della prima registrazione dello sketch, giorno in cui il trovarobato, cioè il reparto che si occupa di reperire gli oggetti, si presentò con un quadro che non era propriamente quello di Scrofalo ma una scarsa imitazione postuma. Mancavano pochi minuti alla registrazione, io e Ricci eravamo disperati, lo sketch non si poteva rimandare, il piano di produzione prevedeva ritmi serrati. Tantomeno potevamo girarlo con un quadro che non rispecchiasse lo spirito goliardo-ironico che ci eravamo proposti.

Come spesso accade nel nostro lavoro, ci fu il miracolo. Vedendo passare il custode degli studi CTC di viale Legioni Romane ci venne una folgorazione.

«Sono sicuro che ce l'ha in casa» disse Ricci «devo averlo intravisto una volta...».

«E se non l'hai intravisto ce l'ha lo stesso, me lo sento» aggiunsi io.

Quando si aprì la porta dell'appartamento e si accese la luce fu una meravigliosa visione, come quella degli scopritori dei Bronzi di Riace: appeso all'ingresso lo sbronzo di Scrofalo col suo sguardo romantico e il sorriso al lambrusco, ci aspettava per diventare popolare come Dalí.

I fuori di testa

Durante gli anni del *Drive In* mi capitò di utilizzare degli attori minori in alcuni sketch della trasmissione. Cercavamo gente un po' particolare.

Stuntmen? No. Acrobati? No. Illusionisti? No. Pazzi, solo gente pazza e strampalata. Fu facile trovarne anche allora. Gente incredibile che ci ha fatto passare durante i provini ore di pura follia che neanche la Claudia Schiffer e la Cindy Crawford dell'epoca avrebbero potuto eguagliare.

Roma, 1983, primo anno di *Drive In*. Agli studi della Dear sulla Nomentana proviniamo una serie di personaggi che avrebbero dovuto mostrarci dei numeri fuori dal comune, cioè esibirsi in qualche cosa di veloce, strano e divertente.

Arrivarono alcuni attori dal glorioso passato nell'avanspettacolo, facce straordinarie e recitazione che ti portava a sentire poco più in là nell'aria la presenza di Totò o dei fratelli Maggio (un cui parente fra l'altro fece qua e là degli sketch nello show, in piccoli ruoli di supporto a Enrico Beruschi).

Molti erano attori brillanti ancora in attività all'Ambra Jovinelli riaperto in quegli anni o in quei teatri minori in cui il loro genere non voleva cedere il passo. Ma i loro ritmi erano lunghi: uno sketch durava venti minuti. In quegli stessi minuti a *Drive In* cacciavamo dentro dieci cose diverse fra monologhi, stacchi musicali, mini-situation comedy e gag.

In quella corte dei miracoli però apparvero tre personaggi. Ineguagliabili...

Jimmy e Pantera Rosa

Tra i vari provinandi c'era lui, l'immancabile «Jimmy il Fenomeno», volto apparso in ruoli di pochi secondi in decine di film, noto per il suo presenzialismo sfrenato in ristoranti e locali della capitale con la capacità di apparire dappertutto, anche dove fosse già stato cacciato in passato come indesiderato.

Jimmy, il cui vero nome era Origene Luigi Saffrano, era un caratterista devastante con problemi fisici come ad esempio strabismo, tremore, urla da indemoniato e pure qualche problema psichico. Anche se da sempre ho la convinzione che questo signore un po' «ci fosse» e molto «ci facesse» per trarre benefici dalla commiserazione.

Al provino baciò tutti, alcuni sulla bocca a tradimento, poi si mise a piangere tremando come un cocker impaurito, e minacciando di suicidarsi se non lo avessimo utilizzato. Lo inserimmo in uno sketch dove io, nelle vesti di impresario teatrale, sottoponevo in ogni puntata una attrazione straordinaria a Gianfranco D'Angelo chiedendogli di inserirla nello show di *Drive In*.

Il meccanismo consisteva in una mia iperbolica presentazione che prometteva l'arrivo di un individuo dai numeri unici al mondo e nella successiva introduzione a D'Angelo di Jimmy il Fenomeno. In ogni puntata era lui sempre lui, in ogni episodio disastrosamente solo lui. Il numero di Jimmy era logicamente una fetecchia: una volta era un grande tenore, un'altra un mago, poi un contorsionista, un equilibrista. La sua breve ma corta esibizione si concludeva beccandosi una sberla in faccia e un calcio nel sedere da Gianfranco. Per questo piccolo ruolo nacque una specie di *Dallas*, quando, stufi della faccia di Jimmy e di averlo fra i piedi, trovammo un altro pezzo da novanta: Pantera Rosa, all'anagrafe Italo Vegliante.

Italo era magro da far paura, bianchissimo in viso, occhi perennemente cerchiati a causa di una malattia che gli impediva di dormire la notte. Preso da una specie di frenesia, infatti, per colpa di questa malattia, appena il sole calava doveva mettersi a correre, ore e ore in giro per Roma dove spesso mi capitava di incontrarlo o al Matriciano da Alberto o in sosta a Trinità dei Monti. Rientrava all'alba, completamente stravolto, sudato. Dormiva dalle 7 a mezzogiorno e poi via a cercare qua e là qualche ruolino nei film.

Aveva due numeri: Pantera Rosa e La vipera. Il primo, che gli era valso appunto il soprannome di Pantera Rosa, consisteva nella classica imitazione del famoso cartone animato: saltellava qua e là emettendo a commento strani suoni nasali, una specie di colonna sonora lontanamente simile al famoso pezzo di Henry Mancini.

La vipera era da antologia. Italo si immedesimava al punto di diventare veramente velenoso. Si aggrovigliava su se stesso e poi, salendo dal basso con fare ondeggiante socchiudeva la bocca facendo uscire e rientrare rapidamente la lingua appuntita come un rettile autentico. Indimenticabili in questo numero erano le mani che teneva davanti al corpo come un cane che sta su due zampe. Era inutile chiedergli cosa c'entrassero con la vipera, noi non potevamo capire.

Fatto sta che utilizzammo anche Pantera Rosa per lo sketch dei provini che recitavo con D'Angelo. Fra lui e Jimmy il Fenomeno, in lizza per quella scenetta settimanale, nacque un odio tale che quello che corre oggi fra Leghisti, Dem e 5 Stelle sembra il premio della bontà. Tra di loro erano continui sguardi in cagnesco, critiche prima velate e poi man mano palesi, fino al turpiloquio più sfrenato nei momenti di incontro. La loro guerra era il film nel film. È lì che mi nacque l'idea di metterli insieme un paio di anni dopo, per un numero sempre di *Drive In* in cui interpretavo Gigio Gigi, scalcagnato mattatore interprete del «teatro camion», rivisitazione della medioevale carretta dei comici, o delle allora attuali cooperative teatrali povere.

Lo sketch era imperniato sull'arrivo al *Drive In* del mio camion che utilizzava il telone come sipario e il piano di carico come palcoscenico.

Da esso scendevano i «Gigioni», vale a dire il duo assodato di Jimmy e Pantera Rosa con la new entry, Gaston La Nuit.

Gaston La Nuit

Gaston La Nuit è il personaggio più romantico, debole e patetico che io abbia mai incontrato. Piccolo di statura, corporatura esile, un filo di voce che tradiva nell'accento le sue origini veronesi, baffetti spelacchiati da sorcio dei cartoon, un sorriso di tre quarti, due occhi piccolissimi, Gaston si presentava come trasformista alla Fregoli.

Unica differenza fra lui e il grande artista era che il pubblico che assisteva alle sue performance, composto soprattutto da signore degli alberghi delle terme, tra un cambio di vestito e l'altro lo doveva attendere almeno dieci minuti.

Comunque Gaston, quand'era in forma, nell'arco di quattro o cinque ore si trasformava in Wanda Osiris, Mandrake, Marlene Dietrich, Rita Pavone.

I suoi show erano interminabili, anzi credo che non sia mai riuscito a terminarne uno.

A ogni convocazione a *Drive In* si presentava con borsate di fotografie scattate durante i suoi spettacoli che mi mostrava fiero: era impossibile soffermarsi sulle sue doti di trasformismo, lo sguardo si posava attratto dalle facce delle persone che lo stavano guardando, tutte fulminate con la stessa espressione di chi non crede ai propri occhi. Gaston La Nuit era perfetto come terzo Gigione per il mio sketch di *Drive In*. Con Ricci e Recchia commettemmo solo un errore: di non riprendere le prove dello sketch per poi mandarle in onda al posto dello sketch stesso.

Ciò che succedeva durante le prove era allegramente apocalittico. Mai che i tre riuscissero a essere in palla insieme. Era sostanzialmente impossibile coordinare tre universi così lontani e così sconvolti, era un'impresa che neanche a Einstein e Piero Angela in cooperativa sarebbe riuscita.

A parte l'eterno dualismo fra Pantera Rosa e Jimmy, l'inserimento di Gaston aveva contribuito ad aggiungere un nuovo elemento di tensione. Jimmy sbrodolava su tutte le battute e urlava per coprire quelle di Pantera Rosa, che allora si fermava e non entrava a tempo perché si era deconcentrato. Gaston era talmente assente e incredulo di trovarsi lì che non faceva che lanciare sorrisi storti e inchini sbilenchi come se fosse stato Wanda Osiris ubriaca. Il sorriso di Gaston, comunque, era indimenticabile.

Durante la registrazione di una puntata i tre, in preda alla fame, come da copione ma probabilmente pure nella realtà, avrebbero dovuto addentare un enorme panino dopodiché a turno dire una serie di battute. Al momento di dire la propria Gaston restò bloccato sul morso al paninone. Mugolò qualcosa col filone bloccato fra le ganasce, poi si nascose dietro al camion che era parte della scenografia.

Sbucò senza denti, con la dentiera conficcata sulla crosta del pane e cercando di giustificarsi mi sbottò in veneto con un sorriso a tutta gengiva: «Dotore, che el me scusa... non me xè mancà la parola, me xè mancà la dentiera...».

Il ristorante Da Carletto al Colle della Maddalena

Fino a quella sera ero convinto di aver frequentato, spinto dalla curiosità, alcuni fra i ristoranti più strampalati del mondo. Alcuni di essi, celebri soprattutto per le loro follie, vi assicuro che vanno visitati almeno una volta nella vita. Molti di voi, per esempio, saranno stati o per lo meno avranno sentito parlare della Parolaccia di Roma, locale in cui oltre a mangiare si viene insultati dai camerieri, peraltro bravissimi come attori calati nella loro parte. Altri avranno sentito parlare del Pirata di Cap-Martin, ristorante che fece la sua fortuna nel periodo della Dolce Vita soprattutto grazie a Dino De Laurentiis, che lo frequentava assiduamente con star internazionali del cinema.

Al Pirata al primo colpo d'occhio sembrava tutto normale, a parte le divise da pirati e bucanieri dei camerieri e un ambiente folkloristico con torce accese alle pareti. La particolarità stava nel fatto che a un certo punto piatti e bicchieri cominciavano a volare e a schiantarsi a un centimetro da voi. Infatti il cliente, anziché aspettare che venissero ritirati i piatti sporchi, li poteva spaccare a proprio piacimento contro i muri, sul pavimento, o tirarli verso altri clienti. Il proprietario Robert Viale, vestito da pirata con tanto di bandana in testa e catene d'oro sul petto villoso, a un certo punto della serata faceva il suo ingresso trionfale in groppa a un asino.

Poi con una sciabolona decapitava una magnum di champagne, assaggiava il primo zampillo sgorgato dal collo della bottiglia come la lava da un vulcano e quindi frantumava il calice contro la prima cosa solida che gli capitava a tiro.

Potete immaginare i clienti: vedendo il padrone fare questo, si davano al lancio di tutto ciò che trovavano sul tavolo. I più scatenati arrivavano addirittura a lanciare le sedie e i tavoli in un grosso camino acceso.

Il vero colpo della serata era però il conto. Infatti, oltre agli aperitivi, alle paste squisite con ragù di pesce, ai gamberoni giganti alla griglia, venivano conteggiate tutte le vettovaglie e i pezzi di arredamento distrutti: otto piatti fondi, una zuppiera, sedici bicchieri, due sedie, una tovaglia. Totale per sei persone: diecimila franchi (circa tremila euro di oggi).

Ho visto gente aggirarsi sul pavimento con il Super Attak per cercare di riattaccare i cocci e risparmiare qualche cento euri senza successo. Ma questo è il bizzarro rituale di un ristorante in cui gli avvenimenti vengono programmati meticolosamente e, conto a parte, fra clienti e gestione esiste una tacita intesa nel far danni.

Carletto al Colle della Maddalena, invece, credo sia stato costruito in uno di quei punti magico-satanici che hanno reso famosa Torino come capitale della magia nera.

Antefatto. In un caldo pomeriggio preautunnale mi trovavo in compagnia di mia moglie a Torino, dallo stilista Carlo Pignatelli, per provare i capi di abbigliamento che avrei dovuto poi indossare per un film.

Si sa che queste cose non sono mai rapide: le misure, i ritocchi, i piccoli aggiustamenti che vanno fatti di volta in volta sugli abiti. Pignatelli, gentilissimo come al solito, vedendo che si era fatto tardi ci invitò a cena.

«Guarda, veniamo da un periodo di colazioni, pranzi, non ti preoccupare» gli dissi pensando di rientrare subito a casa.

«Non potete andare via così. Vi porto in collina, qui al Colle della Maddalena, c'è un ristorantino simpatico. Mangiate una cosetta leggera e ripartite subito dopo.»

Fu impossibile rifiutare. Pignatelli mi stava trascinando apposta all'inferno, un po' per farmi uno scherzo e un po' per farmi divertire.

Una ventina di minuti dopo parcheggiavamo l'auto di

fronte al ristorante Da Carletto, un locale di medie dimensioni, arredato con grande semplicità e che mostrava qua e là i segni dell'usura. Qualche muro con delle macchie, le sedie non tutte uguali, i tavoli claudicanti. Molti clienti erano già seduti e alcuni stavano cenando.

Ci venne incontro, sculettando come ne *La Cage aux Folles*, il cameriere di fiducia di Carlo Pignatelli, un certo Liborio, che riconoscendomi mi fece un sacco di feste.

Indossava una giacca scura con macchie d'unto, la camicia bianca sbottonata su un petto villoso cosparso di sughi vari, aveva barba e capelli incolti e una dentatura che non vedeva un dentista dallo sbarco di Garibaldi a Marsala.

Gli altri camerieri sembravano appena usciti da una casa di cura per malati mentali. Tutti serissimi, tesi come le corde di un violino, con gli occhi cerchiati di rosso.

«Ezio, vedo certe facce strane» mi fece mia moglie «non sarà mica pericoloso?».

«Ma no, i clienti sono tutti giusti, guarda, ci sono anche delle famigliole con i bambini» la rassicurai. «Avranno un sacco di lavoro, sono in pochi e sono un po' stravolti.»

A un certo punto notai un cameriere che sembrava appena uscito da un film di Dario Argento, pallido, tiratissimo, sguardo alla Jack Nicholson. Arrivò a un tavolo e vi lasciò letteralmente cadere sopra i piatti e il loro contenuto.

I clienti non fecero una piega, qualcuno raccolse la bistecca dalla tovaglia, altri inforcarono gli spaghetti finiti tra bicchieri e tovaglioli e li ricomposero alla bell'e meglio sul piatto.

«Se lo vede il principale che serve così ai tavoli, avrà vita breve» commentai.

«Ma lui è Carletto, è il titolare» mi disse Pignatelli.

Mia moglie e io ci guardammo in faccia e cominciammo a capire che non sarebbe stata una serata tanto normale.

Il titolare del ristorante si avvicinò poi al nostro tavolo e come biglietto da visita esordì: «Ciao stilista, sempre in giro a mangiare e bere con gli artisti, eh! E noi qui a lavorare. Ma vaffan... facce di m... cosa volete mangiare?».

Feci un grosso sforzo con l'avambraccio sotto il tavolo per trattenere mia moglie che logicamente se ne voleva andare senza più perdere in quel locale neanche un secondo. Ma io volevo restare, non solo perché avevamo accettato l'invito di Pignatelli, ma anche perché quel luogo cominciava a piacermi.

«Porti quel che vuole lei, le vostre specialità» dissi per non perdere tempo e per non irritare ulteriormente Carletto. «Uè artista, poi non cominciamo a rompere le balle: "Questo non è buono, quello fa schifo" e far portare indietro i piatti, neh? Tanto qui da un piatto all'altro cambia poco: si mangia di merda!»

Se ne andò in cucina a ordinare chissà cosa, e incrociò Liborio col suo sorriso cariato che ci passò accanto salutandoci alla Renato Zero: «Ciao topolini, vengo fra un minuto, sarò tutto per voi».

«Ma va' a dar via il c...!» gli urlò il titolare del ristorante.

«Prima il dovere e poi il piacere» replicò Liborio fra le risate di alcuni clienti aficionados.

Dalla porta della cucina un urlo catturò l'attenzione di tutti: «Uèèè, deficiente, cosa cazzo aspetti a venirti a prendere la paillard, imbecille che non sei altro!». Era il cuoco, fisico da lottatore greco-romano, sigaretta senza filtro accesa sul lato della bocca, la maglietta bianca e il grembiule tutti imbrattati di sangue e unto, in una mano una costata ancora cruda e nell'altra una bottiglia di vino senza etichetta alla quale si attaccò prima di rientrare in cucina.

Non passò neanche un minuto e, visto che Liborio non andava a recuperare la paillard, dalla cucina il cuoco si rifece vivo.

«Non la viene a prendere la paillard» urlò «lui deve stare lì fuori a fare il deficiente con quell'altra manica di drogati dei suoi amici. E allora la paillard te la spedisco io, così non si raffredda!».

Un piatto con la paillard più o meno allegata passò praticamente sopra le nostre teste e andò a schiantarsi nei pressi del tavolo dove Liborio stava chiacchierando con i clienti. Senza perdersi d'animo, Liborio prese dal tavolo i panini e li lanciò a raffica contro il cuoco, tirandogli per ultimo il cestello portapane di metallo e gridando: «Te ne approfitti perché sei grande, grosso e balengo!».

Alla parola «balengo», il cuoco uscì dalla cucina col coltello in mano e in dialetto urlò avvicinandosi a Liborio: «Uè madama, *va che mi at mas*, neh (guarda signora che io t'ammazzo)».

L'arrivo di Carletto, il principale, fu provvidenziale: «Uè, mola l'oss (smettila)». Ma poi, vedendo che al tavolo i clienti amici di Liborio si stavano divertendo, rovesciò loro il tavolo addosso. «Cosa ci avete da ridere, deficienti, qui stiamo lavorando, se volete ridere andate a teatro.»

«Ezio, andiamo, per favore» insisté ancora mia moglie. «Non oso pensare che cosa possa succedere ancora in questo posto.»

«Tieni duro» risposi «voglio vedere come va a finire».

«Male» mi rispose con un filo di voce.

Stavo notando che la clientela era divisa in due categorie, i frequentatori che non reclamavano alle sevizie del titolare e gli altri che, meravigliati, si chiedevano dove diavolo fossero finiti.

L'ambiente cominciò a surriscaldarsi quando uno dei camerieri con la faccia da manicomio criminale si rivolse al suo principale: «C'è uno stronzo che se ne vuole andare e dice che non mangia perché questo è un posto incivile: son venuto a sfogarmi, però adesso io vado lì e gli spacco la faccia».

«Tu non spacchi niente a nessuno» ribatté l'altro con un cipiglio e un'autorità da persona civile. «La faccia a quel deficiente gliela spacco io». Attraversò il locale a grandi passi urlando: «Chi è che non è contento del mio ristorante, eh?».

«Io» disse un signore distinto che se ne stava andando con la moglie e cercava di pulirsi la giacca con un tovagliolo. «Che razza di posto è questo, il cameriere ci ha insultato e ci ha tirato l'insalata addosso...»

«Era condita?»

«No» fece il malcapitato.

«Meno male, perché almeno la posso riservire a qualche cliente meno stronzo di lei, cretino di un cretino.»

«Tenga cinquantamila lire per i coperti, pezzente!» urlò il cliente.

Non lo avesse mai fatto, Carletto prese di tasca centomila lire e gliele lanciò in faccia. «Sono io che ti pago perché te ne vai con 'sta zoccola, fuori.»

I clienti habitué fecero un applauso misto a urla di approvazione, perché quello era il tipo di show che volevano vedere quando andavano in quel ristorante.

Nel frattempo Liborio, punzecchiato da Pignatelli che gli diceva: «Dài, fai Marilyn, magari Ezio poi ti porta in Tv», era andato a cambiarsi in cucina.

Si presentò con una parrucca bionda, calze a rete sopra gli slip, un abitino di pizzo nero che aveva fatto la guerra all'Ambra Jovinelli. Salì sul nostro tavolo e cominciò a imitare Marilyn Monroe cantando *Bye Bye Baby*.

Qualche altro cliente se ne andò, un po' per la scenata di Carletto che aveva cacciato la coppietta e un po' per quell'esibizione di Liborio, che francamente più che Marilyn sembrava un... «marlin», un pesce spada che si agitava appena tirato in barca.

Scoppiò un putiferio. Gli altri camerieri si ammutinarono perché Liborio non lavorava e si dava alla pazza gioia. Carletto cominciò a insultarli: volarono sedie, piatti e tavoli. I clienti abituali non aspettavano altro: si unirono al lancio, i bambini davano calci negli stinchi a chi capitava. Immediatamente, il cuoco si unì alla guerra, lanciando secchiate di minestrone. Liborio imperterrito continuava a cantare *Bye Bye Baby*, per nulla infastidito dai colleghi che gli strattonavano il tulle e gli facevano andare la parrucca sugli occhi a suon di pacche sulla testa e calci in culo.

Mentre uscivamo in mezzo alla battaglia, fra gli sghignazzi di Pignatelli per il pacco che ci aveva confezionato, notammo nell'ingresso una galleria di foto che ricordavano il Vietnam: erano state scattate nel ristorante, che in ognuna era completamente devastato.

Liborio, che ci aveva accompagnato gentilmente all'uscita sempre vestito, anzi, stracciato da Marilyn, ce le illustrò a una a una: «Questo era un matrimonio, bella festa, tutto sfasciato e quattro feriti... Questo era un battesimo, locale distrutto, hanno arrestato poi il parroco che ha accoltellato il cuoco... Questa invece...». Mentre sull'uscio ci salutava, venne colpito alle spalle da una credenza.

Dopo un attimo di stordimento si rialzò, con le lacrime agli occhi non so se per la commozione di avermi incontrato o per il dolore della credenza che gli si era sfasciata sulla schiena. Tornò dentro per fare a botte.

Ogni sera la stessa storia, senza copione. Tutto vero, ecchimosi comprese.

Ric e lo scherzo in crociera

Burloni si nasce, e quando lo scherzo è architettato bene dà sapore alla vita di tutti i giorni, riesce a rompere la monotonia. Se poi si incontrano i partner giusti, allora lo scherzo diventa un film, talvolta persino un kolossal.

Dopo D'Angelo, per un paio d'anni ho avuto come partner a *Striscia* Raffaele Pisu.

Era matto come un cavallo e con lui era impossibile organizzare scherzi che rimanessero nei limiti della responsabilità civile.

Oltretutto, quando si inalberava diventava incontrollabile, come quella volta che ebbe una discussione col regista reo di non fargli abbastanza primi piani: durante la sigla per sfregio si calò i pantaloni e le mutande per mostrargli il sedere.

Mi interposi fra lui e la telecamera appena in tempo

per evitare di far andare di traverso la cena a svariati milioni di italiani.

Di tutt'altra pasta il partner che ebbi successivamente per un altro paio d'anni: Riccardo Miniggio, in arte Ric. Dopo avere fatto coppia col suo socio Gian nel celeberrimo duo «Ric e Gian» i due, come spesso accade, si erano separati.

Approdato a *Striscia* dopo un debutto in cui perse per lo meno un paio di chili per l'emozione, Ric si dimostrò immediatamente un allegrone, una persona piacevole sempre pronta a far casino, ma semplice. Anche troppo.

Un giorno, stufo di vedergli 'sta specie di sipario di capelli che gli contornava la testa e lo faceva assomigliare a un paggio un po' cresciuto, lo obbligai a farsi il codino.

«Ma no, dài, il codino no» protestava con il suo accento alla Macario nella sala parrucchiere «mi viene una faccia da pirla».

«No, stai tranquillo, quella ce l'hai comunque» lo rassicurai, e lo convinsi.

Quel codino gli diede un nuovo look, un successo insperato con le donne che lo trovavano più trendy, e una rinnovata sicurezza anche nel lavoro che lo rendeva estremamente allegro e simpatico. Ci capitava ogni tanto di esibirci assieme in qualche convention, quegli spettacoli organizzati da aziende per la loro forza vendita. Fu proprio durante una di queste convention che nacque, grazie a una serie di coincidenze, uno degli scherzi più grossi (per impiego di forze e di uomini) da me realizzati.

Mi trovavo a bordo di una bella nave da crociera del gruppo Costa per una serie di spettacoli per una grande azienda italiana. Destinazione Barcellona, Palma de Mallorca e le Baleari. A bordo, oltre a me, erano presenti anche Umberto Smaila e la sua strepitosa orchestra, e vari altri ospiti famosi fra i quali Ric.

Ogni sera i dipendenti dell'azienda, dopo il tradizionale spettacolo con gli artisti della nave, assistevano o al mio spettacolo o a quello di Smaila. In ogni serata Ric veniva logicamente chiamato da me o da Smaila a dare una mano. Di solito lo utilizzavamo come capro espiatorio per tutte le situazioni.

Per esempio, durante lo spettacolo non partiva una base musicale? «Scusate» facevamo noi «c'è Ric in regia che non ha pigiato il tasto giusto». Oppure mancava la ballerina del balletto della nave? La colpa era ovviamente di Ric che l'aveva baciata sulla guancia e le aveva attaccato la peronospora. Insomma, era assodato per il pubblico della crociera che Ric fosse la nostra vittima sacrificale, e ciò divertiva estremamente tutti.

Dopo un po' di giorni di navigazione, durante lo spettacolo notturno che si teneva nel grande salone della nave era sufficiente chiamare Ric sul palco perché la gente ridesse, in attesa di una nuova gag che lo vedeva suo malgrado protagonista.

Gli avevamo già fatto di tutto: sul finale di una barzelletta avevamo tolto l'audio al microfono e aveva dovuto raccontarla nuovamente. Poi glielo avevamo tolto a metà. Durante una canzone che aveva tratto dal suo repertorio di operetta, ci eravamo finti raffreddati accompagnando il pezzo a ritmo di starnuti e soffiate di naso che sembravano più che altro pernacchie. Un'altra volta, mentre stava parlando avevamo sommerso il suo intervento con annunci ufficiali fatti attraverso l'impianto di bordo. Non appena iniziava a parlare, si sentiva: «Attenzione prego, comunicazione di servizio, il comandante Saglietto è desiderato sul ponte uno». Ogni tre parole un avviso. Ric aveva allora mollato il microfono ed era andato a parlare dalla sala radio da cui partivano gli annunci. «Così almeno mi sentite» aveva detto «perché qui c'è qualche pirla che fa gli scherzi».

Con una situazione così favorevole, come trattenersi dall'organizzare uno scherzo che avrebbe fatto più bene della xamamina nel Golfo del Leone? Come dei carbonari ci incontrammo io, Smaila, e Massimo Licinio, il regista degli eventi notturni.

«Stasera a Ric bisogna organizzare qualcosa di grosso. Il pubblico si aspetta da noi grandi cose, dopo gli assaggi delle sere precedenti. Stasera facciamo la madre di tutti gli scherzi: protagonisti tutti i passeggeri e l'equipaggio della nave. L'unico escluso sarà proprio Ric.»

Il piano era questo: senza preavviso lo avremmo lasciato tutto solo sul palco annunciando che avrebbe fatto il suo show, cosa che lui non avrebbe assolutamente voluto fare, non avendo preparato nulla per l'occasione.

Le luci puntate sul palco sarebbero state accese al massimo della luminosità, mentre la sala sarebbe stata completamente al buio. Il pubblico, seicento persone tutte d'accordo con noi, nel silenzio più assoluto avrebbe lasciato la sala.

Scattò la fase operativa, andai a parlare con alcuni membri dell'equipaggio che furono ben felici di collaborare. Smaila erudì il suo gruppo, Massimo e varie hostess si occuparono di istruire il pubblico. A cena, all'arrivo di Ric al ristorante, i sorrisini e le toccatine di gomito si sprecavano.

Al nostro tavolo io e Smaila fingemmo di aver intenzione di condurre la serata mentre lui, Ric, avrebbe dovuto qua e là intervenire a suo piacimento se gli fosse venuto in mente qualche spunto divertente.

«Ma solo se ti viene, eh» aggiunsi per rassicurarlo «se non ti sfruculia nulla durante lo spettacolo, fai un salutino alla fine e basta».

Ore 23, inizia lo spettacolo. Salgo sul palco, e dopo un paio di convenevoli chiamo Smaila, che saluta e mi invita a presentare il pezzo forte della serata, lo spettacolo vero e proprio. Per evitare fughe chiamo sul palco Ric con uno stratagemma...

«Ric, vieni anche tu, devi essere qui con noi per questo annuncio.»

Ric salì con quella sua tipica espressione da Francis il mulo parlante quando non capisce cosa sta succedendo.

«Chi c'è» mi sussurrò «chi dobbiamo presentare?»

Al che Smaila e io, senza più perdere tempo: «Signori, Ric e il suo spettacolo di cabaret!». E ce la svignammo a piè svelto.

L'orchestra attaccò subito con uno stacco musicale degno di uno show di Jerry Lewis.

Il pubblico tributò a Ric una vera e propria ovazione, un applauso così caloroso che dal panico lo fece passare alla convinzione che ormai era lì e almeno qualcosa doveva fare. Cominciò logicamente prendendosela con me e Umberto: «Quei due mattacchioni, mi mettono sempre in mezzo e ora non saprei cosa...».

Senza ascoltare le sue giustificazioni, il pubblico gli lanciò urla di incitamento, «Bravo Ric!» e applausi. Ormai era convinto e partì con una barzelletta.

Contemporaneamente, nel buio della sala iniziò l'evacuazione del pubblico.

In meno di tre minuti il salone era completamente vuoto, seicento persone si erano trasferite tutte fuori sui ponti, compresa l'orchestra, i camerieri, i barman.

Ric finì la barzelletta spingendo sul finale come di prammatica ma... non udì né l'applauso né la risata.

«Non l'avete capita?» buttò lì per rompere il ghiaccio.

A quel punto vennero accese le luci in sala e abbassate quelle accecanti sul palco che non gli avevano permesso di percepire ciò che stava accadendo a pochi metri da lui.

Il salone era completamente vuoto eccetto un paio di signore in età che fingevano di russare, un uomo steso per terra con una bottiglia in mano, una ragazza che coprendosi la bocca con un fazzoletto correva verso l'uscita per vomitare e una coppietta in fondo che si baciava incurante di tutto.

Ric si voltò per cercare conforto o una spiegazione, ma anche l'orchestra era sparita.

«Cazzo, è successa una strage?» esclamò. Seguirono una serie di improperi, non vi dico all'indirizzo di chi, avendo lui a quel punto intuito chi gli aveva organizzato il pacco.

Andò poi dietro al palco dove era situato un bar solitamente affollato: era chiuso. Ma appena varcò la porta che dava sul grande ponte con la piscina, venne investito da un applauso: eravamo tutti riuniti lì per il gran finale.

Saltò come un grillo su un palchetto esterno, con un sorriso a sessantaquattro denti degno di Fernandel.

«A sa.. a sa... a sì?» esclamò, rispolverando un suo famoso tormentone degli anni Settanta «... e adesso la barzelletta di prima ve la beccate qui!».

La raccontò, e faceva ridere molto.

Los Angeles

Chi non conosce Los Angeles e ci arriva per la prima volta senza una motivazione professionale spesso rimane deluso da questo agglomerato ai confini della realtà.

È come andare a cena convinti di aver invitato Scarlett Johansson e poi trovarsi mano nella mano con Gigi Marzullo. Hollywood, Beverly Hills e le ville delle star, gli Universal Studios non rappresentano che una minima parte di una metropoli grande come la Lombardia in cui impera l'industria cinematografica e non si ha un vero e proprio senso della città. Non esiste un centro storico, né tantomeno un centro.

Esistono delle aree, alcune accessibili e consigliate, altre molto meno, come la mitica Downtown, famosa più per la guerra fra gang che per la sua invidiabile architettura.

Così Los Angeles si presenta come una smisurata distesa di palazzine, di case basse, di magazzini, tutto all'insegna del precario. Oggi vedi un grande store di abbigliamento, dopo pochi giorni è diventato un fiorista. Vai una sera a cena dal giapponese e la volta successiva è diventato una pizzeria tricolore in cui il dipendente più italiano è di Città del Messico. Non esiste un lavoro definitivo soprattutto in certe categorie, notoriamente tutti i camerieri a Los Angeles sono attori che non riuscendo a sbarcare il lunario con l'attività artistica arrotondano ai tavoli.

In California vige la legge delle cose non definitive, oggi ci sono, domani non si sa. Lo Stato stesso è in balia della maledizione dei terremoti, di una faglia che ogni tanto si sposta di qualche metro e in superficie fa ballare la samba a milioni di persone. Il «Big One» incombe su Los Angeles come un'ombra sinistra, anche se molti abitanti sono propensi a identificarlo nell'earthquake del '94. Più per scaramanzia che per convinzione.

Basta guardare la conformazione del terreno che è friabile, insicura, per capire che a Los Angeles tutto è appeso a un filo: la vita, il denaro, il successo, le linee di Internet. Ogni giorno i telegiornali dei vari network, sempre felici di raccontare con dovizia le disgrazie e pronti alle dirette di catastrofi, tafferugli, rapine, mostrano negli Stati Uniti, in particolare sulla costa occidentale e in parte del Centro, qualche villetta inghiottita da una voragine apertasi improvvisamente. È come se il continente avesse dei buchi neri nel sottosuolo, stelle sotterranee che con la loro implosione risucchiano a caso strade, case, interi quartieri. Mai però ville di miliardari, solo abitazioni di persone di colore, officine di onesti lavoratori, come se anche i fenomeni naturali rispondessero a una precisa linea politico sociale.

Los Angeles, il luogo dove il successo è di casa, e dove la regola è che tutto si crea e tutto si distrugge in pochi giorni.

Hai carte di credito, un conto in banca e qualcuno che ti presenta per accelerare le pratiche, e ti serve un ufficio? In un'ora lo affitti completamente attrezzato: segretari, linee telefoniche, fax, computer, bottiglioni dell'acqua e macchinette del caffè. E con la stessa rapidità te ne vai.

Ti serve una casa? Ogni settimana ci sono sul mercato nella sola Los Angeles ventimila case in affitto o in vendita per tutti i prezzi, da poche centinaia di migliaia ai 100 milioni di dollari. Anch'io, in quarant'anni che frequento Hollywood per lavoro, ho affittato varie case: ma la prima che affittai poteva forse essere una casa normale, tranquilla, discreta? No.

La villa, il Maestro e i due inquilini

Era l'inizio del 1993, avevo appena lasciato in Italia *Striscia la notizia* per realizzare negli USA con la mia società di produzione americana il primo film come autore e regista: il celeberrimo *Silence of the Hams* (Il silenzio dei prosciutti). Giunto con la famiglia al completo, mi piazzai al Westwood Marquise, un hotel nella zona universitaria in cui si respira il concetto di città tradizionale grazie a parchi, negozi, sale cinematografiche, ristoranti, librerie, insomma vita civile a portata di mano.

Cominciai la ricerca della casa ideale da affittare, dove avremmo trascorso quasi un anno della nostra vita. Impresa apparentemente semplice, vista l'offerta clamorosa del mercato immobiliare, ma in realtà complicata, piena di buggerature e di trabocchetti soprattutto a causa di una specie animale terrificante, molto più pericolosa del T-Rex, il diabolico tirannosauro di *Jurassic Park*: gli agenti immobiliari.

Pur di rifilarti una stamberga, una palafitta, una catapecchia vista muro, sono pronti a tutto. Soprattutto le arpie, le real estate women, sulle quali oggi fanno serie televisive, esseri feroci dal sorriso al cianuro il cui motto è: il cliente ha sempre torto, non sa cosa vuole e deve comprare ciò che vogliamo noi.

«Vorremmo una casa su un solo piano costruita con criteri antisismici, con giardino, piscina, molto luminosa, cinque camere più servizi, col parquet, aria condizionata, fresca, non architettonicamente strana, insomma di sapore europeo e di rappresentanza.»

La nostra richiesta era piuttosto chiara.

«D'accordo» fu la risposta della professionista «domani gliene faccio vedere sei».

Ho visto case gotiche nelle quali Dario Argento avrebbe potuto girare le scene clou dei suoi film, altre con pareti viola vòmito di ubriaco, altre ancora con fondamenta sostenute da piloni, affacciate su precipizi di duecento metri, quasi tutte con la puzza in ogni camera dei fritti degli ultimi venti inquilini.

«Signora, io credo che lei non abbia capito bene, le rispiego: io vorrei...», e ti rimetti a elencare i requisiti. È tutto inutile. Lei ti farà vedere solo ed esclusivamente quello che ha, che logicamente è ciò che tu odi maggiormente al mondo.

Un giorno, dopo aver sfiancato una decina di agenti che a loro volta ci avevano portato in visita a finti castelli sul golf di Bel Air, case giapponesi con laghetto e pesci rossi, vedemmo a Beverly Hills la casa di Leslie Bricusse, un compositore che aveva vinto un paio di Oscar per la miglior colonna sonora. Essendo migrato per un lungo periodo in altra parte degli States, affittava la sua casa così com'era con tanto di Oscar in bacheca, foto con star, registi e produttori, una splendida libreria, biliardo e ogni altro auspicabile comfort da villa americana.

Vista e piaciuta. Compilammo l'application, cioè una lettera in cui fornivamo tutte le nostre referenze – bancarie, professionali, conoscenze in città – e attendemmo di avere l'indomani la conferma.

Questo è il punto in cui pensi: è fatta, hai dato l'ok. Mpc (manco po' cavolo).

Il mattino successivo la signora dell'immobiliare con nonchalance ti dice: «Tutto ok, ma il Maestro vuole riservarsi la guest house per metterci le sue cose più private e farla usare liberamente al suo assistente come ufficio, per lavorarci durante il giorno e se vuole dormirci anche la notte».

Essendo la guest house in oggetto proprio affacciata sulla casa principale, significava perdita certa di privacy se fosse stata occupata da terzi.

Ora, gli affitti delle case a Beverly Hills non sono proprio leggeri, diciamo che ti fanno venire la cervicale dalla legnata che becchi fra capo e collo. Quindi, se tu prendi in affitto una casa da cervicale, poi per lo meno la vuoi sfruttare al meglio nello splendore delle sue potenzialità.

«Le do due possibilità» ribattei, già intenzionato a mollare tutto ma curioso di capire la perversa mentalità di chi affitta e vende case in USA, «o con la cifra che pago dice al Maestro di affittarsi un ufficio e di traslocare lì spartiti e assistente, oppure dovendo convivere con uno sconosciuto che mi vede mentre faccio la doccia, annusa cosa sto mangiando, sbircia le intimità della mia famiglia (e gli americani sbirciano!) le offro il cinquanta per cento dell'importo pattuito ieri».

La risposta fu no, il prezzo restò uguale al giorno prima, l'assistente sarebbe rimasto lì, prendere o lasciare. Lasciai.

Per curiosità sadica, con rigorosa cadenza mensile chiesi ai miei collaboratori di telefonare all'agente per chiedere informazioni sulla villa del musicista. Restò sfitta per tutti i dieci mesi della mia permanenza, il Maestro non traslocò i suoi spartiti né l'assistente e perse una cifra con la quale un ufficio per il suo collaboratore se lo sarebbe addirittura quasi comprato.

Se c'è un difetto che ho riscontrato negli americani è questo, la mancanza di elasticità: hanno delle belle mutande ma spesso o le perdono o restano segnati in vita.

Una casa da Oscar

Nella primavera del '96 tornai a Beverly Hills alla ricerca di una villa da affittare per sei mesi, il periodo necessario per girare il mio nuovo film. Un'agente immobiliare nostra amica iniziò a farci vedere diverse case. Dopo varie visite un giorno, in auto con lei, imboccammo San Ysidro Drive, una via residenziale poche centinaia di metri dietro il Beverly Hills Hotel.

«Mi sembra che questa l'abbiamo già vista» osservai mentre parcheggiavamo di fronte alla casa.

«Ma no» disse l'agente immobiliare «assomiglia magari a qualcuna che abbiamo visto in passato».

Appena entrati, due inconfondibili statuette degli Oscar, che ci guardavano dalla bacheca con aria di sfida, mi fugarono ogni dubbio.

«È lei!» esclamammo insieme mia moglie e io. Eravamo tornati proprio sul luogo del delitto.

Contemporaneamente la manager della casa, una signora che ricordava Hans Landa di *Inglourious Bastards* ma con uno sguardo molto più perfido, fissandomi con l'aria di chi ha avuto una visione mi chiese se non ci fossimo già incontrati in precedenza.

«Signora» risposi «le faccio solo una domanda: nella casa degli ospiti c'è ancora accampato l'assistente del Maestro o c'è speranza di non avere inquilini compresi nel prezzo?».

Come se avessi acceso un riflettore, la manager-dobermann si ricordò del fatto, anche perché all'epoca la casa le era rimasta sul groppone per un lungo periodo. Ci mostrò subito la guest house, vuota, disponibile.

Questa volta l'affittammo, nonostante una serie di nuovi tentati colpi di scena.

Subito dopo averci consegnato la casa, infatti, la mastina tentò di lasciare parcheggiata nel garage l'auto fuoriserie del Maestro.

«Tanto è grande, ce ne stanno altre due, a lei non disturba, vero?»

La guardai con gli stessi occhi di Jack Nicholson in *Shining* quando correva con l'accetta in mano e le feci cambiare subito idea.

«Signora, se quell'auto non sparisce entro un'ora, sento che stanotte qualcuno la ruberà e le darà fuoco: il Maestro è assicurato vero?»

Ci ho passato una bella fetta del '96 in quella villa, dove poi ho scoperto avevano vissuto per lunghi periodi attori famosissimi, fra i quali Roger Moore. E come mi rivelò la domestica della casa, tutti avevano convissuto con un assistente del Maestro nella guest house e con la sua fuoriserie in garage.

Come dice il proverbio: «Gli italiani lo fanno meglio»... il contratto d'affitto.

Scusi, è la casa di Doris Day?

Dopo la lunga peregrinazione durata un paio di settimane fra le zone di Beverly Hills, Bel Air, Brentwood, Copa De Oro, Beverly Hills Post Office e Santa Monica, finalmente incontrammo la casa che più si avvicinava alle nostre esigenze.

Situata in Crescent Drive e quindi nel cuore di Beverly Hills, immersa nel verde di un grande giardino, univa il comfort delle ville americane alla sobrietà di linee mediterranee.

Un mattino, appena uscito con l'auto per andare sul set, mentre alle mie spalle si stava richiudendo il cancello vidi un piccolo bus fermarsi proprio di fronte alla casa. Un gruppo variopinto di giapponesi iniziò a scattare foto posando davanti al mio cancello. Non c'erano dubbi, era un pulmino per i turisti, uno di quelli con tanto di guida che scarrozzano la gente a visitare, dall'esterno, le ville delle star.

Non pensai minimamente di esaltarmi, ero appena giunto negli USA, le mie trasmissioni televisive italiane da quelle parti non andavano in onda, ero al mio primo film che non era ancora terminato né quindi programmato nelle sale, al massimo avevo avuto un paio di interviste sui giornali del cinema quali «Hollywood Reporter» e «Variety», non certo sufficienti a farmi inserire sulle mappe turistiche delle star.

Poi capii. Avevo affittato una casa di proprietà in cui era vissuta a lungo Doris Day, nota star cinematografica apparsa in decine di commedie, alcune di grande successo, a cavallo fra gli anni Cinquanta e Settanta. Un'icona americana.

La situazione era tutt'altro che scocciante, anzi per taluni versi era divertente. A Los Angeles il turista nazionalpopolare vuole incontrare le star a tutti i costi, allora perché non alimentare per un attimo dal vivo quel sogno meraviglioso che creano i miti del cinema?

Così, se ero in casa e dalla strada qualcuno sbirciava verso la villa, era sufficiente che da una finestra alzassi una mano facendo un cenno di saluto nella loro direzione per sentire scrosciare dalla strada un applauso, un coro di «Doris... Doris». Durante certi pranzi con gli amici ho fatto dei figuroni. Era solo complicato e imbarazzante inventare una storia sul fatto che mi chiamassero Doris...

Un sabato mattina stavo andando al cancello d'ingresso della villa per prendere la posta dalla cassetta delle lettere. In contemporanea, da uno dei soliti pulmini scendevano dei turisti, erano italiani.

Uno, avvicinatosi subito al cancello per scattare una foto, urlò indietro verso gli altri con accento tipicamente siculo: «Ragazzi, questa è la villa di Doris Day!...». Poi si voltò e si trovò faccia a faccia col sottoscritto che aveva in mano un pacco di posta e giornali, e quasi fulminato aggiunse: «Minchia, ma si sono sbagliati, è la villa di Ezio Greggio!».

Hollywood e io

Tra Stati Uniti e Canada ho girato cinque film americani. Nel '93 il mio debutto alla regia con *Silence of the Hams*, nel '95 un cammeo in *Dracula, Dead and Loving It* (*Dracula, morto e contento*) di Mel Brooks, nel '96 il mio secondo film come regista e attore, *Killer per caso*. Nel 1999 una parte di *Screw Loose* (*Svitati*) e *2001 A Space Travesty* con Leslie Nielsen, girato a Montréal.

A Downtown, le gang composte da ragazzi di colore e ispanici si sparano dal mattino alla sera. L'inquinamento atmosferico è così pesante che quando respiri ti incatrami i polmoni. Le freeway, le autostrade, sono talmente intasate che ormai la gente ci vive come in un villaggio globale in cui al posto delle case ci sono le auto con alieni che all'interno mangiano, dormono, si lavano i denti, fanno colazione. Nelle monovolume hanno il barbecue e giocano anche a basket. Con la stessa puntualità con cui il sole splende ogni giorno per dodici mesi all'anno, arrivano terremoti e incendi. E gli agenti cinematografici, i produttori, i manager sono molto peggio, credetemi, di come li ha descritti Altman in *The Player*. Ogni riferimento al caso di Harvey Weinstein, il più grande produttore di Hollywood travolto dagli scandali sessuali, è puramente voluto.

Nonostante Hollywood sia l'avamposto dell'inferno, io ci sto bene: perché c'è il cinema, perché è una città di cartone dove i sogni diventano pellicola. Non è poco, se pensiamo che l'Italia è un Paese di cemento dove i desideri diventano avvisi di garanzia.

Le ville ottocentesche di Hollywood hanno tutte cinquant'anni e sono di legno. Le ragazze sono bellissime, labbra carnose, tutte curve nei posti giusti, sembrano finte. Sono finte. L'esame del sangue, a forza di chirurgia plastica, lo fanno alla Bayer. Dalle palestre del Santa Monica Boulevard escono uomini atletici che fanno girare la testa alle turiste, ma poi baciano i loro mariti. Los Angeles è una città da capire, non da bere come Milano nei suoi anni d'oro. Non è magica, è la lanterna magica dove la follia è razionalità. Qui chi è diverso è normale, chi è normale s'aggiusta.

A Hollywood può succedere di tutto. Mentre stavo preparando *Killer per caso* scoprii che il mio direttore della fotografia era cugino di Paul Sorvino, uno dei protagonisti di *Goodfellas* (*Quei bravi ragazzi*) di Martin Scorsese. Così ti capita di chiamare Paul al suo numero privato di New York e di parlare con la figlia Mira, vincitrice di un Oscar, la quale ti richiama personalmente qualche ora dopo per passarti papà.

O come pochi anni fa quando all'Hotel Mr. C di Beverly Hills, di proprietà italiana della famiglia Cipriani, mi trovavo al bar col mio amico Peter Bogdanovich, mito del cinema americano, e i tanti turisti italici che passavano dal locale venivano da me a chiedere di farsi una foto. Bogdanovich ridendo si alzò in piedi, digitò il proprio nome sul cellulare, e mostrando l'elenco dei suoi film propose all'ennesimo: «Sono Peter Bogdanovich, sono molto più importante di Ezio, vuol fare la foto con me?». La popolazione di Los Angeles è bizzarra, prevalentemente composta da attori, attrici, line producers, executive producers, sceneggiatori, distributori, registi, in una parola «pazzi».

Gente che vi voglio far conoscere attraverso qualche mio amico.

Hollywood folies

Era la fine di settembre del '96. In una serata piuttosto particolare (era in corso una tetra eclisse di luna) mi trovavo a cena da Palm in Santa Monica Boulevard con John Landis, uno che di lune e di lupi mannari se ne intende parecchio. John, regista di grandi film quali *Blues Brothers*, *Animal House*, *Un lupo mannaro americano a Londra*, è soprattutto un esperto di attori.

Lo avevo invitato per ringraziarlo di un consiglio che mi aveva dato alcuni mesi prima, durante una cena al Moro, su Olympic Boulevard, a cui era presente anche Costa-Gavras.

«Per il tuo nuovo film devi usare Jessica Lundy» mi aveva detto.

«Chi è, tua cugina? C'avete quasi lo stesso cognome» avevo scherzato io.

«No, è stata la protagonista del mio ultimo film *The*

Stupids. È molto carina, ha un bel fisico, ma soprattutto è comica. Quando c'è da far ridere non si tira indietro, è una pazza scatenata.»

Mi raccontò che, durante le riprese del suo film in Canada, una sera alcuni attori lo avevano invitato in un locale di striptease. Dopo una mezz'oretta di pere al vento, chiappe in faccia e abrasioni da reggiseni volanti, Landis aveva tentato inutilmente di squagliarsela. A quel punto l'annunciatore aveva presentato un nuovo acquisto nel gruppo delle «starlette arrapeuses»: si era aperto il sipario e sul palco era uscita Jessica Lundy, sfoggiando uno degli abiti di scena del film.

Ballando scatenata peggio di Demi Moore in *Striptease* aveva cominciato a togliersi vari pezzi del costume sotto lo sguardo allibito di John e dei colleghi.

«Non rovinare il vestito!» le aveva urlato il regista, già prevedendo che nella performance l'abito di scena finisse male causando le ire del produttore.

Ma il vero problema era stato quando Jessica, rimasta in reggiseno e mutande, aveva interrotto l'esibizione e se l'era svignata fra le urla divertite degli amici e i fischi del pubblico pagante che la voleva vedere nuda. Erano dovuti scappare tutti in fretta e furia prima che scoppiasse una rissa.

Morale: seguii il consiglio di John Landis e incontrai Jessica per vedere se era adatta al ruolo di coprotagonista del mio film. Negli USA in quel periodo era un'attrice piuttosto popolare, con un suo show sulla rete televisiva NBC, aveva preso parte a film di successo facendo divertire mezza America con la macchietta di una ragazza che ride come un cavallo scemo in un telefilm popolarissimo, *Seinfeld*. In più era appena stata la protagonista del film di Landis e stava per girarne uno per la Disney in autunno. Mi aspettavo quindi di trovare dall'altra parte una con la puzza sotto il naso, anche piccola, almeno una puzzetta...

Cinque minuti dopo che John le aveva spiegato chi ero, cosa avevo fatto e che stavo per produrre e dirigere una commedia divertente, Jessica mi chiamò. Volle leggere la sceneggiatura. Subito. Non avevamo ancora finito la telefonata che dal mio ufficio di Hollywood gliel'avevano già stampata e recapitata (potenza dell'America!). Ventiquattr'ore dopo Jessica era davanti alla porta di casa mia in San Ysidro Drive, a Beverly Hills.

«Good morning. I'm Jessica. Complimenti, sei molto giovane per essere un regista-attore» esordì.

«Grazie, ma non sono io» rispose Giacomo, mio figlio di sei anni che parla inglese senza alcun accento, «mio papà arriva subito».

Per l'incontro con me e Rudy De Luca, coautore e interprete del mio film, Jessica aveva acquistato da Il Fornaio di Beverly Drive un vassoio di paste e biscotti.

«So che sarà una cosa lunga, non ho intenzione di uscire da questa casa finché non mi confermi che sarò io la Carol Graham del tuo film, la coprotagonista.»

Non fu difficile dirle sì, era molto divertente non solo nel leggere alcune scene del film ma anche nell'improvvisare qua e là facce e reazioni varie.

In compenso non fu facile liberarsene. Mentre discutevamo della sceneggiatura e del suo personaggio, riuscì a raccontarci un paio di barzellette da carrettiere, a giocare a biliardo con Giacomo e a parlare di football americano con Rudy.

Non c'era proprio verso di cacciarla via.

Cominciai a pensare che Jessica non avesse una casa e che, con la scusa di incontrare registi e produttori, vivesse qua e là senza pagare l'affitto.

L'uscita fu memorabile. Dopo essersi sbaciucchiata i miei figli Gabriele e Giacomo come se fossero due Chupa Chups, mi minacciò ridendo sulla porta d'ingresso di tornare l'indomani a ripiantare le tende, se nel pomeriggio non avessi contattato il suo agente.

Le dissi di stare tranquilla, di fidarsi che era fatta. Uscì, ma dopo sessanta secondi... din don, il campanello suonò. Pensai fosse l'altra attrice che io e Rudy dovevamo vedere. No. Era di nuovo lei, Jessica, che con un'aria fra l'angelico e l'agguerrito mostrò di avermi preso in parola: «Sappi che ho appena mandato a casa un'attricetta che aveva un appuntamento con te».

«Come hai fatto?» chiesi ridendo.

«Le ho detto che sono la tua segretaria, che tu te n'eri dovuto andare, e che l'attrice comunque l'hai già scelta. Bye bye.»

Altro che arrivederci. Per dieci minuti, come in una famosa comica di Stanlio e Ollio, Jessica continuò a salutarci tutti per poi tornare puntualmente indietro.

Prima aveva dimenticato gli occhiali, poi nel recuperare gli occhiali aveva dimenticato le chiavi dell'auto.

«Scusami» disse alla fine, rossa in viso forse più per il gran movimento che per la vergogna «ma è come in scena: non riesco mai a fare un'uscita pulita».

Jessica Lundy, un tipo imprevedibile. Ogni giorno sul set del mio film *Killer per caso* se ne inventava una.

Un giorno arrivò con una sua amica che era un incrocio fra un dobermann e un carrarmato (col dobermann aveva in comune l'alito e col carrarmato i cingolati al posto delle mani).

«È la mia massaggiatrice personale. Fa passare il mal di testa e allevia la cervicale. È a disposizione del cast e della troupe per tutto il giorno, offro io.»

Per una settimana ho avuto gente della troupe tutta storta, piena di dolori: anche a quelli sani era venuta la cervicale, dopo il massaggio.

Sul set ogni tanto veniva il boyfriend di Jessica. Mentre la guardava, io leggevo nei suoi occhi la stessa aria di rassegnazione di chiunque vive a Los Angeles, conscio che il terremoto è una realtà e bisogna conviverci.

Rudy, The Caveman

Uno dei miei grandi amici a Hollywood è Rudy De Luca, sceneggiatore, attore e regista che ha praticamente sempre lavorato con Mel Brooks. Rudy, oltre che essere un grande amico, è uno dei miei estimatori oltreoceano. Alla fine del '95 iniziammo a pensare insieme alla storia di titolo italiano *Killer per caso*, che mettemmo in produzione a marzo del '96.

Mel credo abbia descritto Rudy De Luca nel modo più appropriato: *caveman*, cavernicolo. Se Jessica Lundy è fuori di melone, Rudy potrebbe essere suo cognato.

E se da un lato lavorare con lui è uno spasso, dall'altro è un rischio per l'incolumità propria e delle cose che si hanno intorno. Intanto va detto che Rudy si veste con uno stile eccentrico-catastrofico, sembra sempre appena scampato a uno scontro con un'autobotte o al crollo di un palazzo in fiamme.

Eppure è ricco, ha iniziato lavorando come scrittore con Barry Levinson prima e poi ha proseguito con Mel Brooks. Ha lavorato in Tv con Groucho Marx e Marty Feldman. Ma il look è la sua croce. Barba semincolta, capelli arruffati. Più che capelli, un cespuglio di mirto spinoso che lui venera. Li pettina almeno cento volte al giorno con spazzole che poi lascia sparse dappertutto, in auto, in cucina, a casa degli amici.

Prima li pettina all'insù come il fuoco del caminetto,

quindi li abbatte sull'area più calva come un boscaiolo che lavora a cottimo.

I suoi occhiali poi sono oggetto di ogni genere di tortura. Li disinforca e li lancia dove capita. Nel rinforcarli non agguanta mai le stanghette, ma direttamente le lenti, che a forza di essere maneggiate in questo modo sono così rigate e opache che sembrano la pelle di un elefante.

Le scarpe sono reperti archeologici marmorizzati dal tempo. Roba che mio padre non avrebbe mai usato neppure nelle giornate di pioggia per andare in giardino a piantare i gladioli.

Rudy va pazzo per le T-shirt. Ne avrà almeno cinquecento. Quella più in ordine ha sul petto una macchia indelebile di olio d'oliva davanti e una graffiata di gatto dall'altra. La fibbia della cintura dei pantaloni è costantemente sul fianco.

La zip ha alti e bassi quotidiani.

Nella primavera del '96 stiamo scrivendo insieme *Killer per caso* nella mia casa di Los Angeles. Avere per casa Rudy è ogni volta come essere catapultati in un episodio di *X-Files*: un incubo. Per esempio, non conosce la presa sicura degli oggetti, non calcola bene la distanza che lo separa dai bicchieri di vino sul tavolo o da un vaso cinese che sta nei dintorni. Non riuscirebbe a centrare col cucchiaino colmo di zucchero la tazza di caffè americano (notoriamente molto più grande di quella italica da espresso) neanche col mirino del Winchester. Uno direbbe che è maldestro.

Non è per approfittare del gioco di parole, ma è anche malsinistro e malcentro.

Inutile dire che in auto è unico. Ha due Mercedes vecchie di oltre vent'anni. Più che auto sembrano mezzi tattici, uno usato nella guerra del Golfo e l'altro più di recente in Afghanistan. Solo a guardarle si prende il tetano.

Steve Haberman, suo socio, autore con lui di molti film, è tuttora in analisi per colpa sua. Il giorno del suo matrimonio, infatti, naturalmente lo aveva invitato alla cerimonia. Devo ammettere che nelle occasioni ufficiali Rudy, sul piano dell'abbigliamento, si riscatta: smoking di cotone bianco, cravatta multicolore del tipo «angoscia e arcobaleno», scarpe pezzate modello frisona olandese. In chiesa tutto filò liscio.

Ma il dramma scoppiò nella casa nuova di zecca di Steve, che era stata foderata dappertutto con moquette bianchissima. Gli americani bevono molto quella specie di brodo annacquato che chiamano caffè, in ogni occasione, a qualsiasi ora. Dovrebbero però fare una legge per impedire a Rudy De Luca di berlo nei luoghi chiusi. Quel giorno, al primo sorso, inciampò sul velo della sposa e in un sol colpo centrò l'abito di lei e la moquette bianca del soggiorno. Le macchie sono ancora là, le ho viste coi miei occhi, a testimonianza del passaggio di Rudy Attila De Luca.

Anche io e il mio computer possiamo confermare che Rudy non ha un rapporto facile col caffè. Un giorno, mentre sono in un'altra stanza, Rudy entra nel mio studio e posa una bella tazzona colma di caffè bollente non lontano dal mio computer.

Squilla il telefono, Rudy allunga la mano e voilà... è il disastro: il caffè, come un'alluvione in Val Padana, inonda la scrivania. Pazienza per gli appunti, le lettere, il portadocumenti in pelle, i libri, ma per il computer no!

L'onda nera si riversò sul mio pc intorno alle quattordici. Alle quattordici e cinque, passando davanti allo studio, notai uno strano andirivieni di Rudy fra il bagno e la scrivania.

«Che cosa hai rotto, rovesciato o bruciato?» chiesi conoscendo a menadito questa sua danza dopo che mi aveva quasi incendiato una casa, infranto bicchieri di cristallo e sparso liquidi vari in ogni luogo da me considerato sacro.

«Nulla» rispose con indifferenza lanciando cadere nel cestino l'ennesimo kleenex intriso di caffè.

Il mio computer restò muto per oltre due ore. Io pure. Gli sguardi d'odio che gli lanciavo nel silenzio più assoluto credo non se li scorderà mai. Dopo accurati asciugamenti con spugnette e terapie con aria fredda soffiata dall'asciugacapelli, il pc si riaccese a fatica.

Per anni, all'accensione, sprigionava un piacevole profumo di caffè appena tostato.

Nelle giornate con molta umidità, dall'attacco usb usciva profumo di Nescafé.

Lo shock fu così grosso che appena mi fui ripreso

cercai un'occasione degna delle allegre vendette viste in film come *Amici miei*: lo scherzo del barbiere.

Rudy e lo scherzo del barbiere

Il ruolo che doveva interpretare Rudy in *Killer per caso* era quello di un avvocato della mafia americana. Un tipo un po' alla Joe Pesci, ma non così trasandato com'è Rudy nella vita di tutti i giorni. Discutemmo il suo look, il tipo di auto che avrebbe guidato, il tipo di casa che avrebbe avuto. Eravamo d'accordo su tutto, fuorché su quel maledetto cespuglio di capelli che si ritrovava in testa. Non voleva né accorciarlo né sfoltirlo.

Un pomeriggio lo pregai di accompagnarmi a Century City, un quartiere commerciale modernissimo dove vado di solito a tagliarmi i capelli quando sono a Los Angeles. Lo convinsi, mentre sistemavano la mia zazzera, a farsi dare una spuntatina, giusto un ritocco al cespuglio. Il parrucchiere di turno, assalito dalle raccomandazioni di Rudy, annuì a tutto. Poi iniziò a lavorare e a questo punto scattò la trappola.

Gli feci arrivare un'estetista così carina che Jennifer Lopez a confronto sarebbe sembrata una racchia. Dopo aver scherzato del più e del meno, la mia amica lo convinse a farsi fare durante il taglio una maschera per il viso. La faccia di Rudy venne così imbalsamata sotto uno strato di crema gelatinosa verdognola, gli occhi tappati con un paio di occhialini neri. Quindi, il parrucchiere, come da accordo preso col sottoscritto, approfittando della situazione lo decespugliò quasi completamente.

Quando vide allo specchio il suo nuovo look da persona civile, Rudy ebbe la stessa reazione che avevo avuto io di fronte al computer: non parlò per ore. In compenso la moglie Nancy, quando lo vide di rientro a casa, non credette ai suoi occhi, mi chiamò al telefono per ringraziarmi di averle restituito un essere umano. E mi invitò a casa per cena.

Rudy e Nancy vivono in una villa sulle colline di Hollywood, a nord di Sunset. La vista sulla città è mozzafiato. E la posizione evidentemente piace non solo a Rudy, che ha deciso di costruirci la casa, ma anche a una serie di animali selvatici che praticamente erano diventati stanziali fra il giardino e il boschetto circostante. Ogni notte scattava l'andirivieni di puzzole, orsetti lavatori, gatti selvatici e leoni di montagna. Nel soggiorno, in bella vista, una serie di polaroid documentavano le visite più ravvicinate delle bestie.

Anche quella sera a cena in terrazza, con Rudy spelacchiato e muto, si compì l'evento. Verso le 22.30 la famiglia delle puzzole, erano sette o otto, fu la prima ad arrivare. Dopo una breve perlustrazione si abbeverarono alla vasca idromassaggio.

Fu poi la volta di una coppia di orsetti lavatori che, partite le puzzole, si presentarono e iniziarono a fare le loro pulizie personali.

Rudy si alzò e si appoggiò a una colonna per vederli meglio.

Gli orsetti, essendo notoriamente dei curiosoni, si voltarono verso di lui, si avvicinarono e lo guardarono a lungo muovendo la testa da un lato all'altro come per studiarlo. Poi se ne andarono lentamente dopo avergli dato un ultimo sguardo prima di sparire dietro la siepe.

«Ve l'avevo detto che coi capelli corti faccio schifo» si lamentò lui «visto come mi hanno guardato male quei due? Me lo sento, non torneranno più».

Quella sera, di fronte al viavai di animali in giardino, mi sembrò di essere a Disneyland. Poi guardai Rudy in pigiama nel portico e cambiai idea: era Halloween.

Mel, My Best Friend

Credo che *Frankenstein Junior* sia senza dubbio il più bel film girato da Mel Brooks, una geniale parodia che, pur avendo altissime punte di comicità, sciorina una classe e un'eleganza di racconto degna dei più grandi narratori del cinema contemporaneo.

Raccontarvi chi è Mel in poche righe è arduo se non impossibile, ci vorrebbero almeno un migliaio di pagine. Anzi, credo che prima o poi scriverò un libro su quest'uomo, da anni amico e fedele ispiratore, grande sullo schermo quanto nella vita.

Basta vedere di chi si circonda dentro e fuori dal set:

un gruppo di grandi professionisti coi quali si incontra quasi quotidianamente anche quando non ci sono progetti comuni. E poi attori memorabili e ottimi caratteristi, comunque persone semplici come lui che non perdono mai di vista i veri valori primo fra tutti l'amicizia, poi la famiglia e il senso dello humour.

Attori come Gene Wilder, Sid Caesar e Dom DeLuise, scrittori come Rudy De Luca e Steve Haberman pendevano dalle labbra di questo genio e grande artigiano del cinema. Brooks, al contrario dei grandi registi e produttori di Hollywood, pur avendo prodotto molto e quasi tutto di successo, non si è fatto tentare da sovradimensionamenti aziendali in linea con lo stile produttivo che imperversa nella Mecca del cinema, come quelli delle Majors costituite da uffici galattici e migliaia di dipendenti. Invece ha voluto mantenere la sua azienda in una dimensione poco più che familiare. Quando però il progetto di un film diventa operativo, la Brooks Film per tre o quattro mesi di produzione, ma solo per quelli, si trasforma in un grande gruppo con centinaia di persone iperattive che lavorano sotto le direttive di Mel e dei suoi più stretti collaboratori.

È straordinario il rispetto che tutti hanno sul set e fuori per Mel. Gli vogliono tutti molto bene, la prima dei suoi ammiratori era una straordinaria attrice di nome Anne Bancroft, che all'anagrafe tradiva le sue lontane origini tricolori, dato che si chiamava Anna Maria Luisa Italiano. Sua moglie, insomma, purtroppo mancata nel 2005 dopo una grave malattia. Anche la loro unione è stata un esempio anomalo in quello stravagante balletto di matrimoni e divorzi che caratterizza la vita a Los Angeles.

Assieme a Bancroft ho fatto anch'io una breve apparizione nel film di Brooks, *Dracula, morto e contento*. Fra i protagonisti, oltre allo stesso Mel nei panni di un vampirologo fifone (Van Helsing) c'era anche un altro amico: Leslie Nielsen, il mitico poliziotto di *Una pallottola spuntata*, nei panni del Conte Dracula.

Ciò che accadeva sul set era un film nel film, c'era sempre un clima di grande divertimento anche a cineprese spente. Del resto l'allegria, il senso dello humour è parte integrante della vita di Brooks e della sua banda.

Un esempio? Ero a Los Angeles nel maggio del '95 ed essendo mancato il fratello di Sid Caesar andai con Brooks e De Luca al funerale. A portare il feretro c'erano gli amici più cari, fra i quali si offrirono Mel e Rudy, inconsapevoli forse che non fosse una cosa semplice.

Fatto sta che sollevando la bara ebbero entrambi un piccolo cedimento dovuto al peso notevole. Senza però mollare la presa continuarono a camminare e io, che stavo a pochi metri da loro, udii chiaramente Mel chiamare sottovoce: «Rudy... Rudy».

Rudy si girò appena: «Cosa c'è?». Mel con la faccia tipica di chi sta facendo uno sforzo fisico imprevisto, scuotendo la testa sussurrò: «Quando muore Marlon Brando non mi chiamate...».

N° 1

Mel e il pianoforte

Alcuni anni fa Mel Brooks e Anne Bancroft mi invitarono a cena in un ristorante di Santa Monica, non lontano da casa loro. Era un ristorante italiano niente male, avendo di italico non solo l'insegna, come spesso accade in America, ma anche i proprietari, i cuochi e svariati camerieri.

A Los Angeles si cena presto, diciamo tra le 18.30 e le 19, alle 21.30 sei già fuori dal locale. Così Mel e sua moglie mi invitarono a casa per un drink. Abitavano in una grande villa affacciata sui campi da golf di Santa Monica. Il soggiorno, delle dimensioni di un aeroporto, era arredato in maniera confortevole, con grandi quadri contemporanei alle pareti e, sparse sui mobili, foto di amici e scene di loro film.

Appena entrati, Anne mi invitò nell'angolo bar per offrirmi da bere. Il tempo di versarmi qualcosa e dalla parte opposta del salone ci giunse la voce di Mel che stava cantando dal vivo una famosa canzone di Perry Como. Mi voltai. Non fu tanto la sua interpretazione vocale a stupirmi, essendo notoriamente un ottimo cantante, quanto la sua esibizione al pianoforte. Mel suonava infatti con una proprietà, un'eleganza e una leggerezza degne di Horowitz.

Guardai Anne. Si era appoggiata al bancone del bar e mentre mi teneva una mano sul braccio, con aria rapita osservava Mel.

Tornai a voltarmi verso di lui ancora impegnato in un assolo senza una nota fuori posto che scaturisse dal piano.

Mel volava letteralmente sulla tastiera: un'esecuzione da concerto.

Tutto perfetto. Troppo.

Pensai rapidamente: «Possibile che in tutti questi anni non me lo abbia mai detto?». Feci finta di voler aggiungere del ghiaccio al bicchiere, ma solo per liberarmi dalla mano di Anne che in pratica mi tratteneva.

Appena fui libero, come un fulmine mi precipitai dall'altra parte della stanza.

Un lampo di terrore balenò nello sguardo di Mel quando mi vide piombare verso di lui, mentre le note continuavano a sgorgare perfette dal pianoforte. La melodia del suo canto divenne meno limpida e si troncò di colpo quando fui finalmente davanti a lui.

Scoppiò a ridere e urlò ad Anne: «Lo dovevi tenere più stretto!».

I tasti sul pianoforte si muovevano da soli, le dita non li toccavano, stava solo fingendo di suonare. Concluse la canzone ridendo come un pazzo.

Quel pianoforte era praticamente una specie di cugino moderno della pianola a manovella, quella che leggeva le note su un rullo o su una scheda perforata e le riproduceva automaticamente sui tasti. Ora funzionava grazie a un lettore CD, ma il risultato era lo stesso.

Mel mi rivelò che aveva fatto dei figuroni nei party

a casa sua. «Anne blocca gli ospiti da una parte del salone, io dall'altra suono. Se nessuno mangia la foglia come hai fatto tu, mollo tutto dopo la prima canzone e li lascio nella convinzione che io sia un grande solista. Ma tu sei italiano, e non sono riuscito a fregarti. Affannapoli!» mi urlò ridendo.

Il cab

Il gusto di farci reciprocamente dei pacchi, degli scherzi, è sempre stato innato in entrambi. Quando Mel, alcuni anni fa, girava *Robin Hood – Un uomo in calzamaglia*, avrei dovuto interpretare un ruolo nel film accanto a Dom DeLuise. Essendo però Mel in ritardo con l'inizio delle riprese e io in produzione con *Silence of the Hams*, all'ultimo fui costretto con enorme dispiacere a dare forfait.

Passai però sul set per un saluto veloce, un giorno che mi trovavo nei paraggi. In quell'occasione Mel mi presentò l'attore che mi aveva sostituito nel ruolo che avrei dovuto interpretare. Per farmi pagare simpaticamente la defezione, aveva cambiato nome al personaggio chiamandolo «Dirty Ezio», sporco Ezio.

Nel '95 andai di corsa a interpretare il cammeo che mi aveva proposto per *Dracula, morto e contento*, innanzitutto per l'onore di essere stato scelto e poi perché non osavo immaginare come mi avrebbe chiamato stavolta se non mi fossi presentato.

Quando Mel venne a fare un'apparizione nel mio primo film americano organizzai però una degna, simpatica vendetta. Il giorno delle riprese lo mandai a prendere a casa da un vecchio cab inglese, uno di quei mastodontici taxi neri diventati emblema del traffico londinese. Come nelle migliori tradizioni britanniche l'autista, con tanto di accento regolamentare, apriva le porte, si toglieva il cappello, metteva gli ospiti a loro agio. All'arrivo sul set Mel trovò a guidarlo verso il suo trailer una passatoia rossa lunga una cinquantina di metri, unitamente ad alcuni cartelli e all'aiuto di un paio di deliziose assistenti di produzione. Su un cartello appeso alla porta campeggiava la scritta «Brooks, the King», il re. All'interno del trailer un trono e uno scettro.

Sul set ci furono logicamente grandi accoglienze, e gli fugarono ogni idea che prima o poi gli avrei fatto uno scherzo.

Al rientro a casa Mel, felice come una Pasqua, scese dal cab e fece per andarsene dopo una stretta di mano all'autista. Questi però lo fermò e gli indicò il tassametro.

«Duemila dollari?» sbottò Mel. «Ma è pazzo! Mica gliel'ho chiesto io di venire a prendermi. E poi scusi, è la produzione del film che mi ha mandato a prendere con 'sto bidone. Io non pago, devono pagare loro. Chieda i soldi a Greggio.»

«Mi scusi, signor Brooks» replicò con fermezza l'autista, o meglio l'attore amico che aveva fatto la sua parte a puntino «ma quelli sono morti di fame. È una produzione piccola. Avevano capito che costava solo una decina di dollari: erano dieci, ma dieci dollari al minuto. Sono più di tre ore che sto in giro per lei».

Mel, incazzato come una vipera, staccò l'assegno da duemila dollari, urlando una serie di frasi non ripetibili e sbraitando che per quella volta pagava tutto lui, ma che se lo sarebbe legato al dito. Non appena fu rientrato in casa, io suonai alla porta. Quando aprì si trovò di fronte me e l'autista, che lo salutò con un marcato accento newyorkese mentre io gli toglievo i baffi posticci. Dopo di che gli misi in mano un cesto pieno di specialità italiane sulla cui sommità era pinzato il suo assegno da duemila dollari.

«Mel» gli dissi «se sapevo che firmavi assegni con tanta facilità, ti avrei fatto uno scherzo più grosso e mi sarei pagato mezzo film».

Mi fece restare a cena. Solo perché sua moglie Anne aveva cucinato il coniglio. Che io odio.

Il figurone a casa di John Landis

John Landis vive in una delle più belle case di Los Angeles. Ora, il gusto del bello in California è quanto mai personale: sono stato a casa di persone che avevano specchi dappertutto, anche dentro il bidè. Ho visto case con le fontane in camera da letto e i giardini tutti di plastica.

Quella di John invece era una casa di grande gusto, ricordava una vecchia villa toscana, con una vista meravigliosa sulla City. John aveva acquistato la proprietà che molti anni prima apparteneva a Rock Hudson, in una posizione incantevole, e vi aveva fatto edificare una villa da sogno.

Sono famosi i party a casa di Landis, in cui si incontrano star hollywoodiane, cineasti, scrittori. Proprio durante uno di questi party, feci un figurone quando fui presentato a Costa-Gavras, mitico regista e scrittore di film di successo quali *Z-L'orgia del potere*, *Missing*, *Betrayed* e *Mad City* con Dustin Hoffman e John Travolta. John mi anticipò che me lo avrebbe fatto incontrare, e quando un suo collaboratore domestico lo avvertì che era arrivato mi portò con sé ad accoglierlo. Aprì la porta, lo salutò e gli disse: «Costa, vorrei farti conoscere un attore comico italiano che sta girando la parodia del film di Jonathan Demme (*Il silenzio degli innocenti*). Ti presento...».

Gavras lo anticipò: «... Ezio Greggio, lo conosco. Lo vedo spesso in Tv quando sono in Italia. Anzi, è l'unica trasmissione che guardo volentieri con gli amici romani».

Landis mi guardò incredulo, come sospettando che Gavras e io ci conoscessimo già e gli avessimo tirato uno scherzo.

In realtà il regista e scrittore greco, che veniva e viene spesso a Roma e parla benissimo l'italiano, mi conosceva e mi apprezzava grazie a *Striscia la notizia*.

Nel 2017 premiai Costa-Gavras al mio Monte-Carlo Film Festival e fu John Landis a consegnargli il premio: la sera a cena John, che ha una memoria da elefante, ci disse: «Guardate che non me lo sono dimenticato: quella volta a casa mia voi due vi conoscevate già».

Costa e io senza guardarci rispondemmo seri: «Assolutamente no» e Landis sorpreso: «... veramente? Non ne sono sicuro».

Il dubbio amletico gli era rimasto in circolo per oltre vent'anni.

Lo scorregiometro

L'attore recordman di scherzi in giro per il mondo, tra quelli che ho conosciuto, è stato Leslie Nielsen, quello di *Naked gun*, campione della parodia farsesca hollywoodiana. Questo signore, dall'aspetto fisico imponente, dai capelli bianchissimi, dal sorriso bonario, con un'aria rassicurante, signorile e il passo da giubba rossa che denunciava le sue origini canadesi, è stato uno dei comici più amati e divertenti della storia del cinema.

Diventato famoso interpretando Frank Drebin, un detective completamente deficiente nella serie della *Pal-*

lottola spuntata ideata da Jerry e David Zucker con Jim Abrahams, Leslie nel movie-business americano non era noto solo per le sue doti di attore – drammatico negli anni Cinquanta/Sessanta e comico negli ultimi anni della sua carriera – ma anche per un'altra sua incredibile particolarità: portava sempre con sé un apparecchietto micidiale noto come scoreggiometro.

Ne aveva costruito il prototipo tantissimi anni fa nel suo garage, con due tappi di vasetti di marmellata di cui uno forato, un pezzo di camera d'aria da moto, il tutto tenuto insieme da un sottile filo di ferro. Premendo l'oggetto con le dita contro il palmo della mano si provoca la fuoriuscita, attraverso il forellino, dell'aria compressa nella camera d'aria, ricreando così l'inconfondibile suono di una scoreggia.

Non è però il boccaccesco rumore fine a se stesso ad aver dato una popolarità quantomai unica e particolare a Nielsen, ma il modo e i tempi del suo utilizzo. Leslie era un autentico specialista, usava l'apparecchietto come se fosse uno strumento musicale, modificando la durata e l'intensità del rumore a seconda dell'occasione.

Ma la cosa straordinaria è che lo usava sempre. Andai a salutarlo sul set di *Una pallottola spuntata*, Leslie teneva per mano Priscilla Presley, moglie di Elvis, e insieme dovevano girare una scena ambientata durante la notte degli Oscar.

Ultimata la ripresa il regista urlò: «Stop!».

Dal set si levò un gigantesco pernacchione: «Prrrrrr».

«Ri-stop!» urlò Nielsen, dopo aver esploso il rumoraccio con la macchinetta pernacchiante, per dare un finale più personale alla scena. E mi raccontò che, se spesso la sua macchinetta rumorosa gli aveva creato una quantità enorme di divertimento, talvolta gli aveva fatto perdere qualche fan o addirittura qualche amicizia.

Come quella volta che all'aeroporto di New York venne assalito da un gruppetto di signore non in tenera età che gli vollero dimostrare la loro ammirazione in maniera un po' petulante.

Dopo un paio di strette di mano Leslie pensò bene di ravvivare l'incontro sparando a ogni nuova stretta una sonora bordata. Le signore restarono basite. Se ne andarono disgustate e una di loro si rivolse a Barbaree, la moglie di Leslie, urlando: «Suo marito è disgustoso e lei più di lui, che vive con un maiale così».

Un'altra volta a Las Vegas entrò in ascensore con un amico che aveva più volte assistito alle sue performance. Oltre a loro due, c'era una coppia di sposini. Leslie non seppe resistere.

«Oddio, oddio mi ritorna il mal di pancia» fece rivolgendosi all'amico e fingendo un malore «aiuto, non ce la faccio, non posso trattenermi».

«Su, forza, tieni duro» lo rincuorò l'altro, sorreggendolo.

«Non ce la faccio, non ce la faccio... scusatemi»

disse, con un ultimo sguardo agli sposini. Cominciò a esplodere, con la sua macchinetta micidiale, una serie di scoreggioni, accompagnati da una mimica facciale che chi ha visto i suoi film sa benissimo essere inimitabile.

Dopo una ventina di colpi, saranno state le urla di Leslie, i gesti di disperazione dell'amico, fatto sta che gli sposini si fecero prendere dal panico: bloccarono l'ascensore fra due piani, suonarono l'allarme, forzarono le porte e uscirono arrampicandosi sulla soletta del piano superiore in preda a un immaginario attacco di asfissia. Del resto, di fronte al «rumoroso problema» di Leslie, la sorpresa era sempre grande.

Lo sperimentò Maribel, la madre di mia moglie. Mia suocera, una bellissima signora spagnola, alta, dal portamento nobile, si trovava a casa nostra a Monte Carlo una sera che Leslie Nielsen venne a cena con Barbaree.

L'incontro fu memorabile. Maribel scese dalla scala, Leslie le andò incontro e le fece un signorile baciamano. Prendendola alla lontana, cominciò un lungo, romantico discorso senza mai lasciarle la mano: «Cara signora, lei è il ritratto di sua figlia. Leggo nel suo viso la storia del suo Paese, sento dal calore della sua mano il calore della sua meravigliosa terra di Spagna. E così straordinario essere qui questa sera, con voi tutti, e con lei in particolare che ha dato alla luce Isabel, bellissima creatura.

Sono sensibile a queste cose. L'unione della famiglia, il camino acceso, il profumo di una cena deliziosa che sta per essere servita, noi tutti qui uniti. Sono emozioni forti che sento qui». Indicò lo stomaco e fece partire dalla sua apparecchiatura nascosta nell'altra mano, che teneva dietro la schiena, uno scoreggione che gli effetti sonori dei bombardamenti del film *1917* a confronto erano il silenzio di un film muto.

Mia suocera impallidì. Congelata. Leslie aggiunse solo un breve «sorry» e continuò, anzi tentò di continuare, il suo discorso romantico. Fu inutile, mia suocera sottrasse la mano dalla sua presa e voltò lo sguardo su di noi che tentavamo con difficoltà di nascondere le risate. Andò alla finestra e la aprì, poi cercando di sdrammatizzare chiese all'ospite: «Che aria tira a Los Angeles? Perché di quella di Milano me ne ha già... parlato».

Io, Leslie e la vicina di tavolo

Leslie mi regalò quella macchinetta infernale, lo scoreggiometro, non prima di avermi insegnato i rudimenti fondamentali e le tecniche di utilizzo. Devo dire che, dopo un buon allenamento, i risultati raggiunti sono stati devastanti. Utilizzato nei momenti di noia, durante cene, ricevimenti, o in situazioni solenni quali matrimoni e funerali, l'apparecchietto si rivelò presto in grado di cambiare totalmente l'andazzo della cerimonia. A una cena natalizia, dopo essermi fatto autorizzare dal padrone di casa, noto direttore di un giornale, finsi di non sentirmi troppo bene e mi appartai in un salottino dando fuoco alle polveri. Alcuni medici presenti alla mia esibizione mi guardavano increduli.

«Mai visto, o meglio, mai sentito un tal fenomeno di aerofagia» disse uno ridendo con le lacrime agli occhi, dopo una serie di scariche che duravano da almeno una decina di minuti.

Un notaio, aggiuntosi al gruppo dei curiosi, si lasciò andare: «Be', anch'io nel mio piccolo me la cavo», disse, e ne sparò... una autentica.

Una signora bene che fino ad allora non aveva spiccicato verbo si avvicinò e disse: «Be', visto che ormai ha rotto il ghiaccio, adesso ci faccia *Jingle Bells* col sedere!».

Ecco, l'uso dello scoreggiometro sicuramente ha una funzione liberatoria, toglie tutte le inibizioni, gente che fino a quel momento è stata muta di colpo inizia a diventare loquace. Anche i timidi si lasciano andare, come il notaio o la signora di *Jingle Bells*.

In pratica la macchinetta fa emergere la vera natura degli individui, escono allo scoperto i puritani, i bacchettoni, quelli che non vedevano l'ora, i buontemponi.

Una sera andai a cena a Beverly Hills con Leslie Nielsen e le nostre rispettive signore in un elegante ristorante, il Bistrot Garden di Canon Drive. Durante la cena chiesi a Leslie se era «armato».

«Naturalmente» mi disse «e tu?».

«E me lo chiedi...» risposi mostrando l'attrezzo.

Gli feci cenno di guardare dietro a noi. A un tavolo era seduta una signora piuttosto in carne, che col marito stava praticamente alla frutta. Nel senso che avevano quasi finito di cenare. Indicai con un cenno la coppia a Leslie, il quale mi lanciò un'occhiata, e annuì.

Aspettammo con santa pazienza, ma senza mai perderli di vista, finché ebbero pagato il conto. L'ora X arrivò, la signora fece per alzarsi scostando poco poco la sedia indietro.

Ora, come in tutti i locali eleganti, la gente parlava sottovoce, la musica era soft e l'atmosfera molto rilassata. Morale: come la signora cicciottella sollevò il sedere dalla sedia e fece per alzarsi, io e Leslie allungammo le mani verso di lei e facemmo partire dai rispettivi scoreggiometri una serie di inequivocabili, rapidi rumori corporali. Al fine poi di avvalorare l'ipotesi che fosse stata lei a emettere i vergognosi suoni, ci girammo rapidamente a guardarla con aria stupita.

Tutti gli avventori del ristorante si voltarono a loro volta, chi sorpreso, chi ridendo. La vittima tentò inutilmente di negare col marito ogni responsabilità sostenendo che forse era stata la sedia strusciando sul pavimento, ma il coniuge se ne andò lo stesso infuriato.

Tempo dopo tentai di prenotare allo stesso ristorante, il Bistrot Garden, ma mi dissero che era stato chiuso. Io e Leslie non abbiamo mai saputo se l'inizio della decadenza di quel locale partì dal nostro concerto di quella sera.

Tuoni a Bonifacio

L'apparecchietto micidiale donatomi da Leslie Nielsen fu anche protagonista di un episodio esilarante durante una vacanza. Molte estati fa mi trovavo con Antonio Ricci, le sue figlie e i miei figli, tutti ancora ragazzini, a spasso in una bellissima località della Corsica, Bonifacio. Seguendo la prima regola che Nielsen mi aveva insegnato e cioè «mai uscire disarmati, portare sempre con sé lo scoreggiometro, non si sa mai», durante una passeggiata notturna negli stretti e romantici vicoli della cittadina ebbi modo di esibirmi in maniera memorabile.

Aveva ragione Nielsen, l'occasione può sempre arrivare improvvisa. E quella sera mi bastò una situazione occasionale per farmi scatenare in uno dei concerti artigianali più memorabili, interamente eseguito con quel rumoroso attrezzo.

Un'allegra famigliola francese ci veniva incontro, sul nostro stesso marciapiede. La madre stava però redarguendo il figlio che, a parer suo, era troppo rumoroso, schiamazzava un po', insomma si comportava come tutti i sani bambini del mondo. Gli stava facendo quindi un pistolotto su come non si dovesse dar fastidio al prossimo, il tutto condito da qualche scappellotto cadenzato sulla crapa. Fu un attimo. La signora stava un metro avanti alla sua famigliola e, proprio nell'istante in cui la incrociai, si chinò come per allacciarsi la scarpa da ginnastica.

Fulmineo, estrassi dalla tasca la pompetta rumorosa e, passandole accanto, le feci esplodere vicino al sedere una scarica di prrrrrrr... rrrottt!!!

Il figliolo perseguitato scoppiò in una risata a squarciagola, seguito da tutti i membri della famiglia. La signora tentò inutilmente di scagionarsi beccandosi dei «sì, sì... vabbè... non sei stata tu... certo...».

Logicamente, Ricci e io ci voltammo verso la signora come per disapprovare il disgustoso rumore corporale emesso senza ritegno, aumentando così la commiserazione da parte dei suoi parenti.

Lungo la passeggiata continuai a far partire una serie di scoreggioni sintetici con diverse sonorità, procedendo da solo e lasciandomi alle spalle Ricci e i figli miei e suoi perché cogliessero i commenti dopo le bordate.

Ne ricordo una in particolare di fronte a una coppia innamoratissima seduta su un muretto. Appena passato davanti, ne lasciai fuoriuscire una del genere «secca e decisa» e subito dopo ne emisi altre quattro o cinque, una a ogni passo: dopo un attimo di silenzio i due innamorati cominciarono a ridere fino alle lacrime.

Commento della coppietta francese riportato da Ricci & Company: «Ma che maiale, doveva proprio tirarle mentre ci passava davanti, non poteva reggere qualche passo in più?».

Lungo i carruggi silenziosi emettevo piccoli scoppietti che attiravano l'attenzione delle persone affacciate alle finestre o ai balconi. Dovetti concedere il bis a una signora che, incredula, chiamò al balcone gli anziani genitori. Per non deludere la piccola audience che si era creata finsi un malore, un braccio stretto sulla pancia, l'altro appoggiato al muro come per sostenermi. Lasciai partire una raffica con tutta la gamma di sonorità dello scoreggiometro.

Dopo un bel paio di minuti di concerto finsi di rendermi conto della presenza delle persone sul terrazzo. Mi rivolsi loro allargando le braccia con un «excusez-moi».

«No no» disse la signora, «s' il vous plaît, continuez, c'est mieux qu'au cinéma!», cioè: per favore, continui, è meglio che andare al cinema.

Lungo una curva, un gruppo di persone affacciate a una balconata ammirava uno dei panorami più suggestivi della rocca e del porto di Bonifacio. Proprio in mezzo a loro, uno spazio invitante.

Inutili i tentativi di trattenermi da parte di Antonio: «No belin, quelli sono tanti, ti menano, salta un giro».

«Papà, con quelli no, sono troppi» aggiunse Giacomo.

Le figlie di Ricci, invece, che sono peggio del padre, mi rincuorarono.

Fu un attimo, mi avvicinai a passo lesto. Nell'adagiarmi con la pancia sul parapetto come per vedere meglio il panorama lasciai esplodere con la pompetta uno scoreggione del tipo «marmitta bucata rantolante».

L'allegro vocio della combriccola di turisti cessò di colpo. Non ci furono le reazioni violente pronosticate dai miei, ma solo un rapido fuggi-fuggi generale. Udii distintamente alle mie spalle persone che dopo due o tre passi si fermarono bisbigliando qualcosa nei miei riguardi; di certo era ben lungi dall'essere un complimento.

Per confermare di essere l'autore del delitto, senza voltarmi, concessi il bis con un colpo deciso del tipo «trombone stonato». I turisti si allontanarono schifati con cenni di dissenso nei miei confronti.

Superai me stesso lasciandone partire una discreta ma inequivocabile davanti a un flic, un vigile urbano, mentre chiedevo un'indicazione. Mi diede l'informazione, arretrando però di un passo e guardandomi molto cupo.

«Andiamo prima che ci arrestino» disse Ricci trascinando via tutto il gruppo, me compreso.

Non so come siano i temporali a Bonifacio, ma in quella notte d'estate ce ne fu uno a ciel sereno.

Incontri e ricordi indelebili

Con il mio mestiere si incontra tanta gente, in ogni angolo del mondo. Ho lavorato con centinaia di attori e attrici. Conosciuto una marea di registi, sceneggiatori, pittori, scrittori di successo. Ci sono incontri magari brevi che però ti restano stampati in maniera indelebile nella memoria per la grande emozione che ti procurano. Come il sorriso scambiato ad Ascot con la Regina Elisabetta, che mi passò accanto a un metro e io con la mano picchiettavo sul cuore per fingere un battito accelerato. Bastano talvolta pochi attimi... come quando da ragazzo andavo a salutare Erminio Macario in camerino dopo le sue straordinarie performance teatrali. Aveva un misto di furbizia e ingenuità che si incrociavano su quel volto segnato dalla stanchezza e dall'età.

Carlo Dapporto mi disegnò, nel camerino del Teatro Sociale di Biella, la sua caricatura su un cartoncino.

Dapporto era uno che sprizzava charme da tutte le parti, quando parlava sembrava gli uscisse di bocca dell'eau de cologne. Lo conobbi poi quando iniziai a lavorare in Tv, era un grande di altri tempi.

Tra i personaggi più straordinari che ho conosciuto, indimenticabile è stato Peppino De Filippo, lo frequentai per un lungo periodo negli ultimi anni della sua vita. Lo vidi in una delle sue ultime rappresentazioni teatrali, una commedia sulla superstizione intitolata *Non è vero ma ci credo*. Durante una delle prove finali, quelle che si fanno col pubblico di amici, cazziò la moglie Lelia chiamandola col suo vero nome in scena, anziché con quello del personaggio che lei stava interpretando, perché gli era «salita sopra» con una battuta prima che lui avesse terminato la propria.

Andai una volta a casa sua in compagnia di Giancarlo Nicotra, regista televisivo della Rai, che lo doveva convincere a realizzare una serie di puntate intitolate *Buonasera con... Peppino De Filippo*, una specie di situation comedy imperniata sulla sua vita d'attore. Peppino in vestaglia disse subito che non aveva nessuna voglia di fare 'sta cosa in Tv, finché Nicotra, che da ex attore e doppiatore conosceva pregi e difetti di chi fa il nostro mestiere, azzeccò il tasto giusto.

«Commendatore, se dice sì le faccio preparare come scena principale un camerino, bello, bellissimo grande...»

A sentir parlare del camerino Peppino cominciò quasi a destarsi «Ah, un camerino... grande. Grande come?» chiese.

«Molto, commendatore. Enorme, con un grande specchio, molte luci, una bella poltrona...»

«Comoda, di pelle...» aggiunse il grande attore.

«E poi con un bel guardaroba. E... e anche la guardarobiera che la aspetta tra una recita e l'altra mentre in sottofondo si sentono gli applausi scroscianti del pubblico e appena arriva le dice: "Commendatore, grande successo anche stasera, eh?".»

Peppino cambiò atteggiamento: «Vabbe' Giancarlo... ci penso».

Accettò subito il giorno dopo. E io assistetti a svariate registrazioni delle puntate. In una di queste il figlio Luigi, che recitava con lui, lo toccò con una mano, forse inavvertitamente o forse per stimolare in lui una reazione.

«Per favore non mi toccate» disse prontamente in nome della vecchia tradizione teatrale secondo la quale gli attori protagonisti, i capocomici, in scena non vanno mai assolutamente neppure sfiorati dagli altri attori. Bene, per tutte le puntate Peppino ne fece un tormentone esilarante.

Suo fratello Eduardo, quanto a carattere, non era certo da meno. Mi raccontò una volta Tony Cucchiara, cantautore e attore siciliano, che dopo aver ripetutamente invitato a pranzo Eduardo De Filippo, questi finalmente aveva accettato. Lo era passato a prendere in auto a Roma ove abitava, lo portò al ristorante, avevano cenato.

Per tutto il tempo, a ogni domanda di Tony, Eduardo rispondeva con un cenno della testa o una scrollata di spalle. Mai una parola. Finita la cena, Tony lo aveva riaccompagnato a casa e arrivati là, non avendo in pratica mai sentito la voce di Eduardo per tutta la sera, gli aveva chiesto: «Maestro, ma che siete arrabbiato con me? Ho forse fatto qualcosa che vi è dispiaciuto? Non mi avete parlato per tutta la serata!».

«Voi mi avete invitato a mangiare» aveva risposto Eduardo a bassa voce con la sua tipica cadenza «e io a mangiare sono venuto, non a parlare. Buonanotte». E se n'era andato.

Di Walter Chiari ho tanti ricordi. Una notte, dopo una serata insieme a Lipari nella quale io mi esibii per la prima parte e lui nella seconda, fece l'alba a tavola a raccontare barzellette una più forte dell'altra. Rientrammo in hotel, avevamo due camere attigue, erano le 4 del mattino, ci augurammo la buonanotte.

Dopo un paio di minuti sentii bussare alla mia porta, aprii... era Walter.

«Me ne è venuta in mente una mondiale» mi raccontò l'ultima barzelletta, entrambi in mutande, mi abbracciò e andammo a dormire.

Lo vidi per l'ultima volta a Milano, dopo che ero andato a trovarlo al Teatro Nuovo dove recitava con Rascel in *Finale di partita* di Beckett. Era amareggiato di dover recitare in un dramma così serio. E lo stesso problema aveva Renato Rascel che faceva coppia con lui. Ci fu un momento nel quale in scena Walter non resistette e fece una controscena, una specie di gag dietro a Rascel: il pubblico rise. Rascel per non essere da meno gli rispose con una battuta... il clima del teatro cambiò completamente, il pubblico rideva come stesse assistendo a una commedia. Poi Walter e Renato si ricomposero dopo un applauso gigantesco e ripresero a recitare Beckett. Erano due anime allegre in pena, chiuse in uno scafandro che non gli apparteneva. A cena Walter mi disse: «Ma tu pensa se io per lavorare devo fare in teatro un dramma... che palle... per di più con Rascel». La stessa cosa me l'aveva detta Rascel poco prima nel suo camerino: «... e uno come me deve lavorare con Walter Chiari». Due miti.

Una sera a Roma al ristorante Matriciano, era l'inizio degli anni Ottanta, Rascel raccontò a me e a Nicotra, che lo dirigeva in un musical al Teatro Sistina, il suo incontro con Charlie Chaplin che lo conosceva per *Arrivederci Roma* e altre sue canzoni. Si emozionava ancora a rievocare quel momento in cui Charlot, un immortale della storia della comicità, aveva additato lui, Rascel, come un grande attore e un grande interprete musicale.

Come non dimenticherò mai la reazione da vera star di Shelley Winters, vincitrice di un paio di Oscar, quando durante le riprese del mio film *Silence of the Hams* si fermò nel mezzo di una scena e urlò a un fotografo che si era piazzato nelle vicinanze di un riflettore: «Stronzo, togliti di là che mi stai togliendo la luce!». Shelley era incredibile. Ci uscii a pranzo e cena varie volte, ed era come avere davanti un juke-box di aneddoti cinematografici. Mi parlò di tutti, dalla sua vita con Vittorio Gassman alle gare con Marilyn Monroe su chi delle due si fosse portata a letto più attori sul set. Shelley sosteneva di aver vinto lei.

Un flash, un lampo, è stato il mio primo incontro con Federico Fellini a Rimini, nel suo adorato Grand Hotel. Era il 31 dicembre 1992 e mi trovavo a Rimini con mia moglie, mio figlio Giacomo che aveva allora due anni e Massimo, il mio accompagnatore.

Era una giornata estremamente luminosa. Entrammo nella grande hall dell'albergo: la figura inconfondibile di un uomo con cappello e sciarpa si stagliava contro la luce della grande vetrata affacciata sul giardino. Era l'unica anima viva in quel grande, nostalgico salone.

Di colpo, attratto come nella favola del pifferaio magico, Giacomino corse verso Fellini e gli ruzzolò addosso, distraendolo da chissà quali pensieri che in quel momento gli stavano passando o ripassando in mente nella sua Rimini. Fellini si voltò e vedendo il bimbo, con un sorriso gli fece una carezza, un buffetto e gli disse qualcosa di dolce. Giacomino non scappò come faceva di solito ma restò a prendersi quella carezza come se sentisse che era diversa, che non era la carezza di uno sconosciuto ma quella di un uomo speciale, di un poeta visionario.

Mi avvicinai e mi scusai del disturbo. Fu gentilissimo. Mi confidò che vedeva spesso *Striscia la notizia* e che era innamorato di Angela Cavagna, una soubrette che da noi per un breve periodo recitò la parte dell'infermiera della mutua.

«Una ragazzona così dolce, gioviale. L'ho conosciuta, sai...»

Poi mi chiese per quale motivo fossi a Rimini. Gli raccontai che avrei fatto il brindisi di mezzanotte in albergo con mia moglie e mio figlio e poi avevo alcuni spettacoli di cabaret in varie località della riviera romagnola fino all'alba. Questo mio vagabondare nella notte di San Silvestro lo incuriosì. E mi fece una sorpresa.

Ho ancora davanti agli occhi Federico Fellini a mezzanotte e cinque in fondo alla grande scala nella hall del Grand Hotel che mi aspetta mentre scendo per affrontare gli spettacoli notturni.

«Sono venuto a farti gli auguri, se penso che a quest'ora poverino devi andartene in giro a lavorare...»

Mi accompagnò sottobraccio fino all'auto, mi diede un abbraccio e poi mi sussurrò: «Quando la vedi salutami tanto la Cavagnona, è una brava ragazza».

L'indomani, prima di lasciare il Grand Hotel, gli scrissi due righe per ringraziarlo del suo gesto nella notte di San Silvestro.

Mi rispose con una lettera che conservo fra i ricordi più cari, dove fra le altre cose mi diceva: «... ti ricorderò così, un giovane attore brillante, come si diceva una volta, che saluta in fretta un amico perché deve correre via verso un palcoscenico e un pubblico che lo stanno aspettando in una notte di fine anno. Mi ha fatto piacere conoscerti e so che ci rivedremo, magari solo per chiacchierare un po' insieme della solare Angelona che ti prego ancora di salutarmi con incandescente simpatia».

Vogliamo parlare di Mike Bongiorno? Gli ho fatto battute per anni. In uno sketch con lui, lo imitavo avendo tra i capelli un nido con degli uccellini. E ogni volta che lo vedevo a Monte Carlo più che un incontro era un quiz: «Vedi dove abito ora eh? Sai dove abitavo prima? Vediamo se lo sai eh eh...».

Una delle prime volte che lo incontrai fu al Telegatto, all'inizio degli anni Ottanta, in occasione del premio per il primo anno di *Drive In*. Mike, sul palco, sbagliando a leggere con una sua classica gaffe, mi presentò come Paolo Greggio.

«Guardi Mike che mi chiamo Ezio e non Paolo» lo avvertii. Risata del pubblico. E lui convinto: «Eh no, qua sul copione c'è scritto che ti presenti come Paolo».

Io annuendo ridevo fino alle lacrime. Presi il premio ma andando via mi vendicai e lo ringraziai così: «Grazie, Pippo Bongiorno».

E poi Raimondo Vianello. Ogni volta che lo incontravo succedeva sempre qualcosa di divertente. A una cena ero seduto accanto a lui e a Sandra che diceva: «Ti vediamo sempre a *Striscia*, ma quanto ci fai ridere, e poi mi ricordi tanto Raimondo da giovane». Lui prontamente mi diede uno dei suoi sguardi, fece una pausa e sbottò: «Ma non è vero, ma cosa dici, ma io alla sua età ero un bell'uomo, Sandra, smettila di bere!».

Un giorno a Mediaset registravamo gli auguri di Natale, c'erano un sacco di colleghi. Vedo Raimondo in un angolo in penombra, mi avvicino e lo saluto: «Ciao Raimondo», e lui guardandomi con una smorfia mi fa: «... ma era una così bella giornata...».

Robert De Niro l'ho incontrato tante volte e ogni volta mi fa segno che ci assomigliamo. E a proposito di somiglianze, una volta in un ristorante di Monte Carlo mi trovai al tavolo accanto il grande pianista Vladimir Horowitz, che mi guardava e sorrideva. Ovviamente restituivo il sorriso anche se non capivo perché mi sorridesse. A un certo punto si sporse dalla sedia, facendomi cenno di avvicinarmi, e mi sussurrò: «Lei ha il naso uguale al mio».

Ridemmo insieme stringendoci la mano. Gli risposi: «Grazie Maestro, avrei preferito avere le mani uguali alle sue».

Indimenticabile fu anche quando incontrai Mickey Rourke a casa sua a Hollywood, perché un mio amico sceneggiatore e regista stava scrivendo una storia e voleva proporla a lui e a me. Appuntamento alle 11. Arrivo all'indirizzo prefissato, suono il campanello della sua villa e ad aprirmi la porta mi appare in sottoveste Carré Otis, sua moglie, una delle donne più belle del mondo in quegli anni.

Rourke dormiva ancora, lei mi invitò in salotto e in attesa che il marito si alzasse mi preparò il caffè con una moka italiana. Parlammo dell'Italia, del suo lavoro di modella. Lui ci raggiunse dopo essersi svegliato con calma. Il film non si fece ma quell'incontro valse più della pellicola.

Parlando di donne affascinanti, quando preparavo il mio primo film da regista avrei voluto nel cast Kelly LeBrock, la protagonista de *La signora in rosso* girato con Gene Wilder, nonché moglie di Steven Segal all'epoca campione di incassi per i film d'azione. Kelly al telefono mi disse: «Con Steven ti aspettiamo a casa così ci racconti il film, ci vediamo nel weekend. Ora ti mando l'indirizzo». Io stavo a Los Angeles e non mi disse subito che loro in quel periodo stavano in Alabama, a 3.500 chilometri di distanza.

Ci andai, diventai amico di entrambi. Kelly avrebbe fatto il film! Ma Steven, a poche settimane dall'inizio riprese, mi chiamò dandomi appuntamento in un ristorante. Gli chiesi: «Il ristorante dov'è, in Alaska?», e lui ridendo mi rassicurò, era a Los Angeles. A cena mi confidò che aveva messo incinta sua moglie e quindi Kelly non poteva fare il film. Fine del sogno di lavorare con Kelly LeBrock.

Ci sono incontri nella vita che lasciano il segno. Come questi che vi ho raccontato. Piccoli momenti, anche semplici. Ci sono emozioni nell'incontrare gente straordinaria, emozioni che, se sai stringerle forte a te, ti aiutano a capire quanto è bello questo mestiere. Di tante parole che volano nell'aria, di tanta gente che va e che viene, qualcosa e qualcuno resta. Oltre i ricordi, per sempre.

Scherzi internazionali

Voglio concludere con due scherzi recenti organizzati in Kenya e a Londra.

Alcuni capodanni fa mi trovai a passare il fine d'anno in Kenya, ospite a casa del mio agente Lucio Presta e di sua moglie Paola Perego al Billionaire Resort di Flavio Briatore.

Paola aveva organizzato una cena a casa sua con una ventina di ospiti e io l'avevo pregata di non cucinare né acquistare dolci natalizi perché ce ne saremmo occupati io e Paolo Bonolis, anche lui invitato con la sua famiglia.

Cena sontuosa, tutto perfetto, arriva il momento del dolce. Io e Bonolis ci alziamo da tavola, andiamo in cucina e ci presentiamo alla grande tavolata con cappello da chef in testa, giacche bianche da cuochi insanguinate come se avessimo appena ucciso un vitello, entrambi spingendo un grosso carrello d'acciaio. Bonolis si giustificò immediatamente dicendo: «Io lo avevo detto che dovevamo andare in pasticceria ma, sto str... ma Ezio ha voluto preparare lui il dolce» facendo già presagire che qualcosa non fosse andato per il verso giusto. Lucio capì immediatamente che c'era qualche pacco in arrivo e che la zona dolce della cena si sarebbe rivelata catastrofica rovinando completamente alla povera Paola Perego il finale di una serata dove tutto era andato alla grande.

Io iniziai una presentazione del piatto con una terminologia e un'enfasi a metà tra Carlo Cracco e Jacques Prévert: aveva come soggetto l'esaltazione del panettone, «il vero unico inconfondibile inimitabile dolce natalizio milanese, la sua storia». Al momento di svelarlo, togliendo il drappo sul carrello davanti a me e a Bonolis, Paolo chiese un applauso per il mio discorso ma soprattutto per il panettone che stavo finalmente per mostrare. Lo scetticismo nelle parole e nell'espressione di Bonolis rendeva quella richiesta però più un'allerta ai commensali, che lasciava intuire un problema accaduto in cucina.

Alzai dal carrello un enorme piatto da portata d'argento, ma all'interno, solitario come la goccia di sodio dell'acqua Lete, mostrai un microscopico panettoncino. Avete presente quei mini-panettoni tristi della merenda che si danno ai bambini? Quello.

Bonolis inclemente mi guardò esclamando ad alta voce, in modo da farsi ben sentire: «Te lo avevo detto che con un uovo, 50 grammi di burro e 'na bustina di zucchero da caffè veniva 'na fetecchia... siamo in venti, non ne esce manco una briciola a testa».

La Perego, sorridendo ma visibilmente scocciata, guardò i commensali scusandosi ed esclamò: «E vabbè, sarà una cena che finisce con la frutta e il caffè». A quel punto esclamai, dandomi una pacca sulla fronte: «Porca miseria, ho dimenticato il lievito!».

E Paolo: «Ecco, adesso si ricorda del lievito, ma fa' il favore...».

Tra lo scetticismo e le risate generali, estrassi di tasca una bustina di pochi grammi di lievito e la spolverai sopra al mini-panettone che riappoggiai poi sul carrello, ben nascosto dietro alla parete anteriore. Poi accesi un fiammifero, lo lanciai dentro a una pentola che conteneva un preparato alcolico: sprigionò una vampata degna di una bomba al napalm di *Apocalypse Now*! Paolo finse uno spavento, la Perego e i commensali non lo finsero. Io velocissimo durante la vampata mi sporcai la faccia di nero con le mani, come se fossi stato brasato dall'esplosione. Dalla cucina uscirono due camerieri con l'estintore solo per far scena: con un cenno invitai Paolo ad avvicinarsi, ci abbassammo e dalla parte bassa del carrello lentamente, molto lentamente estraemmo un panettone da 30 chili alto quasi un metro che avevo fatto preparare e inviare dagli amici pasticceri Di Costa da Francavilla di Sicilia fino a Nairobi.

Lucio Presta, ridendo alle lacrime, diceva: «Lo sapevo... ero sicuro che 'sti due cialtroni stavano combinando un casino». Sua moglie Paola scuotendo incredula la testa rise fino a dover correre in bagno. La cena terminò con tutti gli invitati che mangiarono fette enormi di panettone che sbordavano sul piatto del vicino. E con la Perego rientrata dal bagno, che rincorreva me e Bonolis con una scopa sul terrazzo.

Pochi anni fa mi trovavo a Londra e il mio amico console italiano Massimiliano Mazzanti, durante un incontro, mi rivelò che era un grande fan di Mel Brooks, per lui un vero e proprio mito, conosceva i suoi film e battute a memoria. Avendo visto che in città, al Garrick Theatre, stava andando in scena con enorme successo il musical *Young Frankenstein*, aveva tentato invano di trovare i biglietti: missione impossibile essendo lo show sempre tutto esaurito. Gli dissi che avrei parlato con la produzione dello spettacolo e che vedevo se potevo aiutarlo.

Lui non sapeva che Mel era a Londra in quei giorni e ci vedevamo quotidianamente, per cui fu facile organizzare lo scherzo con la sua complicità.

Dissi il giorno dopo a Massimiliano: «Vediamoci, ho novità per i biglietti». Mi invitò a pranzo al ristorante italiano Radici di Almeida Street. Appena a tavola annunciai: «Ti ho trovato i biglietti, non sono i posti migliori, è un giorno infrasettimanale, ma altrimenti devi aspettare ancora un mese».

«Ezio, ma vanno benissimo, figurati. Dove li trovo, agli accrediti del Teatro?»

«No no» risposi «una maschera del teatro, un ragazzo, abita qui vicino, ce li porta qui a fine pranzo».

Il console era strafelice. Arrivati al dolce, lo vidi sgranare gli occhi e fissare l'ingresso del ristorante, mi diede una pacca sul braccio e sussurrò: «Ezio... Ezio non ci crederai, c'è... c'è... c'è Mel Brooks che sta entrando al ristorante...».

E io: «Ma va' là, è a Los Angeles».

«Te lo assicuro» continuò il console sempre con gli occhi spalancati. «È lui, sta venendo verso di noi.»

Arriva Mel e guardandolo esclamò: «Massimiliano, come va? Tutto bene? Ti ho portato i biglietti gratis... ah!» (finse una fitta al petto alla parola gratis), «Ah... per *Young Frankenstein*! Purtroppo, c'erano solo i posti migliori e lo spettacolo è quello di sabato sera, il più importante».

Mazzanti era in piedi, ibernato dall'incontro e dai fantastici inviti che stava ricevendo.

Io dissi: «Grazie Mel» e ostentatamente gli diedi una mancia di 10 sterline che lui intascò.

«Figurati, Ezio.»

Al console finalmente tornò la parola, lo ringraziò e gli chiese di accomodarsi.

«Mr. Brooks posso offrirle qualcosa?»

«Sì grazie» rispose Mel, «non ho ancora pranzato, dunque vediamo...».

Mel iniziò a ordinare di tutto e di più: 4 antipasti, un paio di assaggi di primi, 3 secondi, contorni e per finire una bottiglia di Sassicaia.

«Be', allora ti faccio compagnia. Io prendo...» e anch'io ordinai un bel po' di piatti anche se avevo già pranzato.

Vidi nelle pupille di Massimiliano passare velocemente il prezzo di quel pasto e che forse gli sarebbe costato meno comprarsi i biglietti più cari.

Poi Mel andò in bagno. Dopo alcuni minuti, non vedendolo tornare dissi: «Scusa, Massimiliano, vado a vedere se Mel sta bene, perché è un po' che è in bagno». Uscimmo da una porta secondaria e sbirciammo attraverso i vetri del ristorante: non arrivò sulla tavola del console nessuna delle portate che avevamo ordinato, solo un vassoio col grande coperchio ovale, il cameriere lo sollevò... dentro c'era un «Tapiro d'Oro» con su scritto «Buon divertimento al Garrick Theatre» con le firme di Mel e mia.

La vita è complicata, difficile, spesso amara. La mia filosofia di vita è far sì che le cose positive e allegre prevalgano su quelle tristi e negative, per avere un bilancio che vada in direzione della felicità. Penso che la vita sia più divertente con un pizzico di ironia, con il sorriso, circondato da amici, da persone che ti vogliono bene, impegnandomi a renderla migliore per me e chi mi sta intorno. E se possibile memorabile. Anche attraverso gli scherzi e le risate che sono «l'antibiotico contro la tristezza».

Qual è stato lo scherzo più bello? Il prossimo che farò. Ve lo racconto nel prossimo libro.

Indice

Questo libro è stampato fabbricato da Grafica Veneta S.p.A.
con un processo di stampa e rilegatura certificato 100% carbon neutral
in accordo con PAS 2060 BSI

Finito di stampare nel mese di novembre 2022
per conto di RCS MediaGroup S.p.A.
da Grafica Veneta S.p.A., Trebaseleghe (PD)
Printed in Italy